心理学ベーシックライブラリ 7

パーソナリティ心理学

山田尚子・藤島　寛　共著

サイエンス社

はしがき

　この本を手に取られた皆さんの中には，心理学という幅広い学問領域の中でも特に自分や周りの人のパーソナリティに関心を持っておられる方も多いことでしょう。生活の中でさまざまな人同士が行動を共にするとき，自分と他者の行動の違いに気づくことがあります。自分ならこう行動するのに，あの人はなぜあんな行動をするのだろうかという疑問から，自分や周りの人のパーソナリティを自分なりに表現することもあるでしょう。「明るい」「責任感がある」「心配性だ」などのように，パーソナリティを表現する言葉は日常言語の中に数多く存在します。また，「あの人は親切だから助けてくれるだろう」「あの人は気難しいから怒らせないようにしよう」というような他者のパーソナリティ理解は，人間関係やコミュニケーションを円滑にする上で役に立つことがあります。

　しかし一方で，パーソナリティはさまざまな側面を持ち，とらえるのが難しい複雑な研究対象でもあります。自分自身のパーソナリティも自分が一番よく知っているようで，実はわかっていない部分もあるでしょう。ミヒャエル・エンデの『はてしない物語』では，世界を救うために勇者に与えられた試練の一つが「自分のありのままの内面に向き合うこと」でした。自分自身のパーソナリティを理解しようとすることは，時には勇気を必要とするのかもしれません。

　2019 年は心理職の国家資格として公認心理師が認定された最初の年でした。大学における公認心理師カリキュラムでは，公認心理師が心理的な支援を行うために必要とする知識と技術の基礎となる学習内容が定められていますが，その中にパーソナリティと感情の理論に関する科目が含まれています。心理的な援助を必要としている人に適切な支援を提供するためには，その人のパーソナリティを理解することが不可欠だからです。また社会全体を考えてみても，グローバル化が進み多様な人々が共存する中で互いに尊重し合って暮らしていくためには，まずは自分と他者のパーソナリティには違うところがある，ということを受け入れる必要があります。そのためにもパーソナリティを理解するた

めの知識を持つことは重要でしょう。

　本書では紙幅が許す限り，さまざまな視点からパーソナリティ心理学の知見を紹介しています。15 の章は 6 つのパートに分かれており，ほぼ半期の授業内容を想定して構成していますが，個人的に読まれるなら気になる章から読み始めるのもいいと思います。自分のパーソナリティについて考えてみたいと思われる方や，心理の専門家を目指して基礎知識を修得したい方にとって，興味を持っていただけるところがあれば幸いです。

　本書の共著者である藤島 寛先生は，私が心理学を学び始めた頃からの恩師です。先生は心理学とともに芸術や哲学，文学，宗教にも深い知識と自由な見解を持たれていました。それらは，人間に向けられる温かく厳しいまなざしとともに，本書で先生が担当された章の随所に読みとることができます。また，美しいものやおいしいものを愛でること，恐れずに老いや病いについて語ることなど，生きることを豊かにしてくれる多くの事柄も教えていただきました。しかし，原稿の最終的な読み合わせの作業が滞り，本書の完成を見る前に先生は逝去されました。先生の奥様のお許しもあり，先生が担当された章には少しだけ手を加えて形式を整え，ようやく出版できる運びとなりました。

　最後に，大幅に遅れた本書の完成に向けて，粘り強く励ましていただいたライブラリ編者の井上 毅先生，細部にわたり編集作業を加えていただいたサイエンス社の清水匡太氏に心より感謝を申し上げます。

2022 年 2 月

山田　尚子

目　　次

第Ⅱ部　パーソナリティの生物学的基盤

第4章　パーソナリティへの神経生理学的アプローチ　33

第5章　パーソナリティへの遺伝的アプローチ　43

第6章　パーソナリティへの進化心理学的アプローチ　57

第Ⅴ部　パーソナリティと認知

第10章　パーソナリティの認知的側面　　115

第11章　パーソナリティと知能・情動知能　　129

パーソナリティの諸理論

　心理学は人の行動を研究対象としているが，その中でもパーソナリティ心理学では，行動に表れる「その人らしさ」を理解しようとする。あなたが大学生なら，ゼミでの自己紹介や就職活動など，いろいろな場面で自分らしさとは何かについて，あらためて振り返ってみる機会があるだろう。自分の長所や短所は何か，何に打ち込んでいるのか，何に関心を持っているのか，このようなこともあなたのパーソナリティの一部ではあるが，これだけで自分らしさが伝わるのかと疑問を抱いたことはないだろうか。パーソナリティは，どんな視点から眺めるかによってさまざまな側面がみえてくるような複雑な対象である。

　本章では，パーソナリティとはどのようなものか，またどのような視点からパーソナリティをとらえることができるのか，パーソナリティ心理学の視点，概念，研究の変遷を通して考えることにする。

1.1　パーソナリティ心理学の視点

　心理学では人の心を調べようとするが，そもそも心がどのような存在なのか，また心がどのように働くのかを直接確かめることはできないため，その代わりに心の働きの表れとして人の行動（behavior）を検討するという方法をとる。ここでいう「行動」の範囲は広く，他者からも観察できるようなふるまいだけでなく，さまざまな言語的表現，直接観察できないような思考や記憶，判断といった個人内の認知的な活動，感情の動きなども含まれる。

　パーソナリティ心理学では，パーソナリティ（personality）とは，これらの行動に何らかの一貫性をもたらすものと考え，状況や時間が異なったさまざまな行動から浮かび上がってくる一貫した「その人らしさ」をとらえようとする。

　なお，これに近い内容を表す言葉として**性格**（character）や**個性**（individuality）などがあるが，ここではパーソナリティ心理学の創始者といわれるオルポート（Allport, G. W.）にならって，「パーソナリティ」という言葉を用いる。

　ところで，心理学を学んでいなくても，人は日々の生活の中で自分や周りの人の行動から「その人らしさ」をある程度把握している。人の日常生活が多くの他人との複雑な社会的関係の上に成り立っていることを考えれば，自分と他人の行動の特徴を理解しようとすることは，その環境の中でうまく生きていく上で必要不可欠であろう。パーソナリティ心理学はこうした日常的で素朴な人間理解とも関連しているが，心理学におけるパーソナリティ研究には以下の特徴がある。

　第1の特徴は，対象とする行動と，それらを測定する方法に科学的な確かさが求められるという点である。日常では，ごく限られた状況で観察される行動や，時にはたった1回の目立った行動からでも「あの人は○○な人だ」と判断することがあるが，パーソナリティ心理学では，状況が変わっても，または時間が経過してもそれほど変わらない行動傾向に注目する（前者を通状況的一貫性，後者を時間的一貫性という）。また行動をとらえる際には**観察**，**面接**，**実験**，**検査**などの方法を用いるが，いずれの場合も，その測定方法が適切で信頼できる性質を備えていることが求められる。これらの性質は**妥当性**と**信頼性**とよばれる（詳しくは第3章で説明する）。

　第2の特徴は，パーソナリティ理解において，**個性記述的アプローチ**（idiographic approach）と**法則定立的アプローチ**（nomothetic approach）という2つの方法を用いる点である。日常生活を送る上では自分自身や周囲の人の行動に対する理解が重要であるが，パーソナリティ心理学では，ある特定の人に対する個別的な理解だけでなく，集団を対象としてパーソナリティと行動の間に一般化できるような関係を見出そうとする。

　たとえばカウンセリングや心理療法などのように特定の人物に深く関わる際には，現在問題になっている事柄だけでなく，その人の生い立ちや人となり，その人が置かれた環境などを深く理解することが必要になる。しかしこうした個性記述的なパーソナリティ理解を行うには時間も手間もかかり，他の人にそ

BOX 1.1	構成概念とは

本文中で「衝動性」とよんだ心理学的な特徴は**構成概念**とよばれるもので，実体の見えない心の働きを扱う心理学ではこうした仮説的な概念が多く用いられる。マクアダムスとパル（McAdams & Pals, 2007）は，パーソナリティ心理学で扱われる構成概念を，①行動傾向に関する一般的特性（「衝動性」はこのレベルの構成概念である），②個人特有の適応のあり方，③統合的なライフストーリー，の3つのレベルに分類している。構成概念を用いるときには，その内容を明確に定義できているか（**概念的定義**），その内容を具体的に測定するための方法がきちんと決められているか（**操作的定義**）に注意する必要がある。

の理解を一般化するのは容易ではない。

　そこでパーソナリティと行動の関連について一般的な傾向を見出そうとするために，複数の事例を対象とした実証的な研究が行われる。たとえば，「衝動性の高さが問題行動の発生につながりやすい」「自尊感情が高いほど主観的幸福感が高い」などの知見は，こうした法則定立的な検討から見出された結果である。このような一般的な理解は行動の生起を予測するためには重要な手がかりとなるが，個々の人に関する豊かな情報を見逃してしまう可能性がある。このように2つのアプローチにはそれぞれ長所と短所があり，パーソナリティを深く理解しようとする際には，これらを相補的に用いることが必要である。

　第3の特徴は，今ここで観察できるパーソナリティだけでなく，それがどのように形成されてきたのかに注目するという点である。パーソナリティ心理学では，パーソナリティの基盤となる生物学的要因とパーソナリティ形成のプロセスに影響を及ぼす環境要因の両方を研究対象とする。

　以上のようにパーソナリティ心理学における研究は，心理学という「科学」の一領域として，信頼できる証拠に基づいて仮説を検証し，新しい知見を得て理論を構築し，さらに新たな証拠から理論を検討するという科学的な手法を用いることが要求される。しかし，そこから得られる「その人らしさ」という科

学的な心理学的知見は，日常的に私たちが持っている「私らしさ」や「あなたらしさ」という素朴なパーソナリティ理解とも密接に結びついている。自分や他者のパーソナリティを理解することが，豊かで幸せに生きる助けになるという点では，心理学という方法によって得られるパーソナリティ理解も実践的で有益なものである。

1.2　パーソナリティ観の変遷

　人が皆それぞれ独自の存在であるという日常的な実感は，心理学の歴史においてどのように扱われてきたのだろうか。

　近代的な実験心理学はヴント（Wundt, W. M.）が1879年にライプツィヒ大学に心理学研究室を開設したことから始まるとされているが，こうした実証的方法では一人ひとりの個性より，すべての人に共通する特徴を理解することに重点を置く傾向があったため，個人差は重要な情報ではなく，むしろ全体的な法則から逸脱する誤差とみなされた。

　やがて1900年代初頭にかけて，身体的な特徴や感覚・連想の能力などの個人差と遺伝の関係を調べたゴールトン（Galton, F.），思考や記憶などの精神過程における個人の質的な特徴に注目し，後に知能検査の開発を行ったビネー（Binet, A.），観察可能な行為から個人の個性や素質を明らかにしようとする差異心理学を提唱したシュテルン（Stern, W.）など，個性や個人差に注目する研究が行われるようになった。

　1900年代初頭のアメリカではパーソナリティに関する研究が急速に増えたが，この動きには，人々が独自のパーソナリティを育てることを重視する当時の社会的背景も影響したといわれている（Barenbaum & Winter, 2008）。こうして個性や個人差を扱う研究が盛んに行われるようになってきた頃に出版されたのがオルポートの『パーソナリティ——心理学的解釈（*Personality: A psychological interpretation*）』（Allport, 1937 詫摩ら訳 1982）である。

1.3 オルポートのパーソナリティ理論

『パーソナリティ』の中でオルポートは，パーソナリティを「個人の内部で，環境へのその人特有の適応を決定するような，精神物理学的体系の力動的機構[1]」であると定義している。オルポートがパーソナリティを調べるために用いた手法の中でも特徴的なのは事例研究と心誌である。

1. 事例研究（case study）

オルポートによれば，事例研究は個別的で複雑なパーソナリティを総合的に扱える唯一の手段であり，ある個人に関してできるだけ多くの情報を収集し，そこから現在のパーソナリティを記述し，さらに過去の出来事がパーソナリティの形成にどのように影響したか，将来どのような行動傾向が予測されるかなどを考察する。事例研究を行うためには，まず信頼できる情報を豊富に集めた上で，その情報を直感的に解釈すると同時に偏りなく客観的に記述することの両方が必要であるため，多くの時間と努力，また優れた洞察力と深い心理学的知識が要求される。

2. 心誌（サイコグラフ；psychograph）

パーソナリティの基礎的な要因である体格・知能・気質や重要な共通特性について，その特徴をどの程度強く持っているかを視覚的に示すことができる（図1.1）。心誌で取り上げる特性は，目的に応じて入れ替えることが可能である。また中央のスペースに目盛を割り当て，テストで測定された特性の得点をプロットして一人の人物のプロフィールを示したり，ある特徴をもっとも強く持つ人をもっとも上に，特徴の弱い人を下にというように順に示して複数の人を比較したりすることもできる（図中に2つの方法の例を示した）。この方法では限られた数の特性から個人の特徴を表すことになるので，パーソナリティの全体をとらえるには完全ではないが，複数の人との比較から相対的にパーソナリティを理解するには非常に有効であり，現在も多くのパーソナリティテス

---

[1] 「精神物理学的体系の力動的機構」とは，身体と精神が複雑に作用し合い，常に進化し変化するシステムを意味する。

基底にある心理生物学的な要因							共通のパーソナリティ特性													
体型			知能		気質		表出特性			態度特性										
										外向	自己への志向		他者への志向			価値への志向				
均整	健康	活力	抽象的	機械的	幅広い情緒	強い情緒	支配	開放	持続		自己客観化	自信	群居	利他主義	社会的知能	理論的	経済的	審美的	政治的	宗教的
														Cさん	Lさん					
														Kさん	Kさん					
														Eさん	Iさん					
														Lさん	Cさん					
														Fさん	Bさん					
														Aさん	Eさん					
														Bさん	Aさん					
														Iさん	Jさん					
														Dさん	Fさん					
														Jさん	Gさん					
														Gさん	Hさん					
														Hさん	Dさん					
不均整	不健康	活力に乏しい	抽象的知能の低さ	機械的知能の低さ	狭い情緒	弱い情緒	服従	隠遁	動揺	内向	自己欺瞞	自信喪失	孤独	利己主義	社会的知能の低さ	非論理的	非経済的	非審美的	非政治的	非宗教的

（ある個人のパーソナリティプロフィールを描く方法）

（ある集団の中で人々のパーソナリティを順位によって比較する方法）

図 1.1　心誌の形式（Allport, 1937 詫摩ら訳 1982 より作成）

トの結果を表現する際に同様の形式が用いられている。

　オルポートのパーソナリティ理論は非常に広範な内容をカバーする，いわゆるグランドセオリーであり，ここから現代のパーソナリティ心理学が始まったといっても過言ではない。

1.4　現在のパーソナリティ研究のアプローチ

　バレンバウムとウィンター（Barenbaum & Winter, 2008）によれば，パーソナリティ心理学の課題は，それぞれの人のパーソナリティを統合的な全体像として解釈する個人（the person）の研究と，人々は互いにどのように異なるのかを分析する個人差（individual differences）の研究に大別され，それぞれ異なる手法を用いて行われる。そこでまず，第 2 章と第 3 章ではパーソナリティ

に対する対照的な 2 つのアプローチを紹介する。

　第 2 章で取り上げるパーソナリティへの**定性的アプローチ**は，ある個人のパーソナリティという複雑な対象の性質を全体としてとらえようとするもので，先に述べた個性記述的アプローチとほぼ対応している。具体的な手法としては観察やインタビューによる事例研究やナラティブ研究が用いられることが多い。また曖昧な刺激に対する豊富な言語反応の内容を分析することでパーソナリティをとらえようとする，投映法による心理検査も定性的な特徴を持っている。

　第 3 章では，パーソナリティの特定の側面について測定したものを数値で表す**定量的アプローチ**について述べる。パーソナリティの個人差を問題とする際には，複数の人々を客観的に比較するための基準が必要になる。そこで，人々の間で差異が見出せるような行動の特徴をいくつか選び，それらを数値化するのである。代表的な手法としては，行動傾向の中でも重要と考えられる特徴（**パーソナリティ特性**（personality traits））をいくつか選び，それらの特徴を表現するような質問項目に対する回答を得点化することでパーソナリティを記述しようとする心理テストなどがある。

　現在もっとも広く使われているテストは，主要な 5 つの特性（**ビッグ・ファイブ**（Big Five））からパーソナリティを記述しようとするものである。これによって人のパーソナリティはわずか 5 つのテスト得点に要約されることになり，これらの得点を用いて，個人差の記述やパーソナリティ要因と他の要因との関連を調べる法則定立的な研究が可能になる。

　第 4 章から第 6 章では，パーソナリティの生物学的な基盤に注目する理論を紹介する。古代ギリシャ時代からパーソナリティに生物学的な要因が影響するという考え方があったことは知られているが，近年では研究方法の発展によってそれらの仮説を検証することができるようになってきている。

　まず第 4 章では，ドーパミン，セロトニンなど大脳内の神経伝達物質の働きとパーソナリティとの関係を明らかにした神経科学的なアプローチを用いた研究を紹介する。第 5 章では，パーソナリティへの行動遺伝学的アプローチを紹介する。そこでは「パーソナリティ特性は遺伝によってどの程度決定されるのか」「パーソナリティの形成や発現に環境はどの程度影響するのか」などの問

いに対して研究が進められている。第6章で紹介する進化心理学では同じように生物学的側面に注目しているが，特にヒトという種としての進化の過程で，どのようにパーソナリティの個人差が生じてきたかが考察される。

　生物学的基盤がパーソナリティの核になるような生得的要素であるとすると，そこからパーソナリティが成熟していく過程には，さまざまな環境の要因が影響する。パーソナリティは人の行動にその人らしい一貫性をもたらすものであるが，それは常に変わらない固定的なルールではなく，その時々の環境に適応するために成長し，変容する柔軟な仕組みを持つのである。

　第7章では，パーソナリティは一生の間変化・生成し続けるという視点に立った生涯発達理論を紹介し，そうした発達の中で起こる**アイデンティティ**（identity）や**自己**（self）の形成について考察する。第8章では，社会的な環境の中でパーソナリティが形成されるメカニズムについて考察する。人が環境に適応する過程では環境内のさまざまな刺激に対して適切な行動を獲得する学習のプロセスが連続的に起こっているが，その中でも特に他者の影響を受けて起こる学習（社会的学習）の役割が重要とされている。さらに，広範な社会的文脈として文化の影響を考慮する研究も注目されている。第9章では，自己，自我など「私」に関する概念を取り上げ，精神分析学や近年の心理学研究において，「私」という自己形成のダイナミズムがどのように考察されているかを紹介する。

　第10章と第11章では，パーソナリティの認知的な側面に関する理論を紹介する。第10章では，認知の個人差という観点からパーソナリティについて論じる。認知とは人が外界にある対象を知覚し，その意味を判断・理解するプロセスのことを指す。外界をどのように認知するかは，その後の行動を決定する重要な要因である。**認知スタイル**（cognitive style）は，そのような認知の個人差を表す概念である。また，ケリー（Kelly, G. A.）は人が経験を通してそれぞれの認知構造を作り上げ，それによって外界の対象を解釈したり予測したりするという**パーソナル・コンストラクト理論**を提唱した。この認知構造は人によって異なる独自のもので，これを理解することがその人のパーソナリティを理解することになる。第11章では引き続きパーソナリティの認知的側面に注

目するが，ここでは「どのように認知するか」ではなく，「どれぐらいよくできるか」という能力の個人差を取り上げる。知能はしばしば「適応のために必要な高次の心的機能」と定義され，知能を測定するさまざまな検査が考案されている。ここでは古典的な知能理論から，最近注目されている情動知能に関する研究を紹介する。

第 12 章以降では，適応という観点からパーソナリティを考察する。第 12 章では，目標に向かって行動する主体という観点からパーソナリティをとらえる。**動機づけ**（motivation）や情動は人をある行動に向かわせる原動力であり，生存や生殖など生物として基本的な目標に向かう行動は，人々の間である程度共通してみられるものである。しかし，より高次の目標に注目すると，その人がどのような状態を望んでいるのか，その目標に向かってどのように努力しているのかという姿はその人の生き方の中心的な部分であり，その人らしさを表すと考えられる。第 13 章では，不安や抑うつなどの気分障害がネガティブな感情を経験しやすいパーソナリティ特性や特徴的な認知とどのように関連しているか，またパーソナリティ障害とよばれるパーソナリティの特徴的なゆがみをどのように理解するか，などの点からパーソナリティと精神病理の関係について述べる。第 14 章では，パーソナリティのポジティブな側面へのアプローチとして，幸福や健康とパーソナリティの関係について考察する。最後に第 15 章では，芸術や宗教など人々の生活の中にある営みについて，現実性や創造性といったパーソナリティから考察する。

1.5 ま と め

「パーソナリティとは何か？」という問いに対して，簡潔に答えることは非常に困難である。本書では「その人らしさ」という曖昧な答えから始めたが，「その人らしさ」に多様な側面があること，また，人が主体的に，健康で幸せに生きていく上で「その人らしさ」がいろいろな形で関わっていることは間違いない。読者のみなさんは，本書全体を読んだ後で，「パーソナリティとは何か」という問いに対して，それぞれの答えを見つけてほしい。

パーソナリティの記述と測定（1）
——定性的アプローチ

2

　パーソナリティとはどのように理解されるものなのだろうか。日常生活の中では，自身や周囲の人々のさまざまな行動を観察したりするにつれて自分や他者の人となりがわかってくるだろう。パーソナリティ研究でも同様に，対象となる人の行動についてさまざまな情報を集め，それらを統合してパーソナリティを理解し，さらにその豊かな情報をできるだけ失わないような方法でパーソナリティを記述しようとする方法が用いられる。本章ではこうした定性的アプローチの方法を紹介する。

2.1　定性的アプローチとは

　定性的（qualitative）アプローチとは対象の性質をとらえようとする研究方法の総称であり，対象を数量的に測定する定量的（quantitative）アプローチとは区別される。人間を対象とする定性的アプローチとしては，研究者が直接現地に赴いて人々の自然な姿を観察するフィールドワーク，集団の一員としてその活動に加わりながら行う参与観察，ある個人を対象として臨床場面で行われる事例研究などがある。いずれも豊富な資料を収集し，それらに基づいて対象である人やその行動を総合的に理解しようとするものである。

　定量的アプローチでは多くの場合，研究者が統制した状況のもとで起こる行動の一部だけを切り取って数値化するが，定性的アプローチでは，人が生活している環境（状況，文脈，文化ということもある）との関わりの中で生起する行為（action）をありのままに記述し，その行為の意味を理解しようとする。ブルーナー（Bruner, 1999）は，文化の中で意味を構成し，共有しながら生き

ていく人間の営みを「意味の行為（acts of meaning）」と表現し，人々が自身の生活について語ったり書いたりした**物語**（narrative）を通してその意味を調べることが人間理解にとって必要であると述べた。近年日本で広がりをみせている**質的心理学**の領域でも，インタビューや参与観察，アクションリサーチなどを通して，同じ状況の中にいる研究者と研究協力者の相互作用から生成される**ナラティブ**（narrative）が重視されている（やまだ，2013）。

　まとめると，パーソナリティ理解のための定性的アプローチの特徴として次のような点があげられるだろう。まず，ある特定の行動や特徴だけに限定せず，できるだけ対象となる人の個性全体をとらえようとする視点を持っていることである（この点は第1章で紹介した個性記述的アプローチと共通する）。次に，対象となる人と理解しようとする人の両者が同じ状況の中にいて，その中でパーソナリティを理解するための相互作用（観察，面接，検査など）が起こっているという点である。ここでの状況とは，狭い意味では観察や面接が行われる場面を指すが，広義には両者が生きている時代や社会，文化といった時間的にも空間的にも広がりを持った文脈をも含む。このような状況はパーソナリティの成り立ち自体にも影響を及ぼしていると考えられるが，パーソナリティ理解の行為も文化的状況の中で行われる言語的な相互作用なのである。次節では臨床場面におけるさまざまなパーソナリティ理解の方法を中心に取り上げる。

2.2　臨床場面におけるパーソナリティ理解

2.2.1　クライエントと治療者の役割

　心身の健康や社会的生活に不調をきたした人が，解決の糸口を求めて心理臨床や精神医学の治療場面を訪れるという場合を考えてみよう。ここでは心理臨床で用いられる表現に従って，援助を求める人をクライエント，援助する人を治療者とよぶ。

　初めて治療場面にやってきたクライエントの多くは，自分の生活がこれまで通りに行かないことに混乱し，怒り，あるいは悲しんでいる。中には治療者がその問題を魔法のように解決してくれることを期待しているクライエントもい

るだろう。反対に，周囲に勧められてやってきたクライエントは，心理療法の効果をまったく期待していないかもしれない。いずれの場合も，ここからクライエントと治療者は，合意された治療目標に向けて，互いに信頼と敬意を持って心理治療という共同作業に入っていく。この信頼関係を**ラポール**または**ラポート**（rapport）とよぶ。

　多くの心理療法では，この共同作業は面接という言語的な相互作用の形で行われる。クライエントの問題を理解し，適切な援助方法を考えるためには，次のような事柄をめぐる対話が行われるだろう。クライエントが過去・現在・未来にわたってどのような社会的・文化的背景の中で生きてきて，そして生きていくのか。その中でどのような出来事が起こり，それがクライエントにどのような影響を及ぼしているのか。現在の症状や問題がクライエントにとってどのような意味を持つのか。クライエントはどうなることを望んでいるのか。こうした面接を通して治療者とクライエント自身が，クライエントの生き方全体を理解することになるのである。

　このようなパーソナリティ理解では，援助を求められた問題だけに注意を向けるのではなく，「病はその人の生き方そのものである」（木村，1994）という全体的な視点が求められる。木村は統合失調症患者の妄想について，「患者は，通常の人と同じ意味で現実を捉え……（中略）……周囲の事物を感じとっていたのでは生きて行きにくいのである」と述べ，患者の現実適応能力が回復しないうちに薬物治療で妄想だけを取り除くことは，むしろ生きる手立てを奪ってしまうことになりかねないとしている。

　治療者とクライエントの関係が作業同盟または治療同盟とよばれることからもわかるように，治療者が一方的にクライエントを治す立場にあるのではなく，クライエントも当事者として作業に能動的に関わることが重要なのはどの心理療法でも共通している。しかし治療者の役割や言語的な相互作用の性質は，それぞれの治療者が依拠する心理病理の理論と治療技法によって，やや異なる。たとえば認知行動療法では治療者がクライエントに治療原理を説明し，クライエントの思考のゆがみをチェックするための宿題を与えるし，精神分析療法では主に治療者がクライエントの想起を解釈するなど，治療者がいくらか指示

的・教育的な役割を果たすこともある。一方，クライエント中心療法では，治療者がクライエントの自己経験を無条件に受容し，その経験や感情を共感的に理解するという非指示的な態度が強調される。また社会構成主義で行われるナラティブセラピーでは，治療者とクライエントは対話を通して新しい物語を創り出す対等な関係にある（McNamee & Gergen, 1992 野口・野村訳 1997）。

　以上のように，臨床場面における事例理解では，クライエントが感じる困難さや問題をきっかけとして，その生き方や人生にまで迫ることになる。こうしたアプローチにおいてクライエントが個別的な存在であるという視点が必要なことは言うまでもないが，事例理解や治療のための相互作用の一項であるという点において，治療者もまた一般的な研究におけるような匿名で無個性な研究者ではなく，クライエントと同じ状況の中に生きている，個別的な存在である。

BOX 2.1　『グロリアと3人のセラピスト』にみるパーソナリティ理解

　グロリアという女性がロジャーズ（Rogers, C. R.；来談者中心療法），パールズ（Perls, F. S.；ゲシュタルト療法），エリス（Ellis, A.；論理情動療法）の3人のセラピストと行った面接の模様が記録されたビデオがある。撮影されていることを前提としているが，語られるのは実際にグロリアが感じている，離婚後の生活や娘との関係における困難さである。3人のセラピストの応答の仕方や姿勢，表情にはかなり違いがあるが，それはそれぞれの療法の原則に深く関わっている。その違いによって，同じクライエントでも語りの進行が異なっていくことがわかる。面接後には，グロリアがもっとも話しやすく，自分が理解されたと感じたセラピーはどれか，また，それぞれのセラピストがグロリアの抱える困難さを理解する上で何を重視するのか，グロリアのパーソナリティをどのように理解したかが振り返られる。

　かなり古いビデオではあるが，現在も行われている心理療法の創始者たちが同じクライエントの実際の問題をめぐって面接を行う様子から，治療者とクライエントの相互作用によってパーソナリティ理解が異なることがわかるという点で非常に興味深い。

2.2.2　投映法によるパーソナリティ理解

　臨床場面におけるパーソナリティ理解では，投映法（投影法）という心理検査が多く用いられる（表2.1）。**投映法**とは，回答の自由度が高い刺激や質問項目を用いて，その反応から，直接観察できない心理状態や傾向性を把握しようとする検査法である（岡・津川，2012）。

　ロールシャッハテストでは，インクを落として作られた刺激図版に対して何が見えるかを自由に答えてもらい，次に受検者が図版のどの部分に（領域），どのようにして（決定因），何を（反応内容）見たのかについて，確認のための質問を行う。このテストでは，実際には何でもない刺激に対して何かを見るという行為に，その人がふだん世界をどのように知覚し体験しているかが映し出されてくると考えるのである。

　また投映法の中には，樹木，家屋，人物などの絵を描いてもらい，それらの描画からパーソナリティを理解しようとする方法もある。これらの描画法では，描かれた対象のサイズ，紙面上の位置（空間的配置），筆圧，陰影など「どのように描かれたか」の形式的な特徴と，描画後の質問によって明らかになる「何が描かれているのか」という内容からパーソナリティ解釈が行われる。

　岡・津川（2012）は「投映法のもつ豊かな知見をクライエントやご家族だけ

表2.1　**主な投映法検査の特徴**

ロールシャッハテスト	紙にインクを落とし，その紙を2つ折りにしてできた図版を提示する。図版のどこに，何を，どのように見るかといった反応によって，受検者の思考や感情，行動などの特徴を分析する。
P-F スタディ	叱られる，欲しいものが手に入らない，などの欲求阻害場面を絵で提示し，その人がどう答えると思うかを記入する。障害に対してどのように反応するかを分析する。
文章構成法（SCT）	前半だけの文章を提示し，後半の文章を完成させる。完成された文章から受検者の態度や信念，動機づけなどの精神状態を分析する。
バウムテスト	白紙に木を1本描き，その木の形態の特徴，描かれた位置，筆跡などの描き方から受検者の心理状態や人格を分析する。

でなく，研究という形で他の臨床家や世の中に還元することは，臨床心理学を通じた社会貢献であり，臨床心理学を土台とした対人援助職の基本的業務」だと述べ，個別的なクライエント理解のために用いられることの多い投映法を，仮説検証的な研究に取り入れる方法を提案している。

2.3　ライフストーリー研究

　パーソナリティの全体的な理解において「語り」が特に重要な役割を果たす方法として，**ライフストーリー研究**がある。ライフストーリーとは，ある人がそれまでの自分の人生について語る物語のことである。この方法では，語り手と聴き手がインタビューを通して語り手の人生を（再）構成し，その意味を見出すという作業を行う。

　マクアダムス（McAdams, 2009）によれば，人を知るためには次の3つのレベルでの理解が必要となる。第1のレベルは**一般的な行動傾向**（dispositional traits）で，その人がふだんどのような行動傾向を示すのかをパーソナリティテストなどによって把握する。これはパーソナリティ理解のためのラフスケッチのようなものである。第2は**個人特有の適応**（characteristic adaptation）のレベルで，その人がどのような価値観や信念に基づいて意志的に行動し，どのように現在の状況に適応しているかを理解することで，第1のレベルのスケッチに肉付けをしていく。最後に，その人の過去から現在，また未来までを視野に入れた人生全体の物語である**統合的ライフストーリー**（integrative life story）によって，その人の人生の意味とアイデンティティが作られる。

　ライフストーリーを生成するためのインタビューでは，聴き手はオープンエンドな（open-ended）問いによって自由な語りを引き出す場合もあるし，決まった質問を用いる**構造化面接**（structured interview）を行う場合もある。たとえばマクアダムスが考案したインタビューでは，ライフストーリーの重要な部分に関する語りを引き出すために，人生最初の記憶，ターニングポイント，もっとも影響を受けた人物などについての質問を用いる。語られたライフストーリーは全体としてその意味が解釈されるだけでなく，あらかじめ決められた基

BOX 2.2	内 観 法

　内観法は浄土真宗の一宗派で行われていた修養法である「身調べ」を基に吉本
伊信（1916-1988）が考案したもので、父母きょうだいや身近な人に対する自分
自身のふるまいを「してもらったこと」「して返したこと」「迷惑をかけたこと」
の3つのテーマに沿って繰返し思い出すものである。内観によって自己や他者へ
の気づきや信頼感が深まり、これまでの価値観の転換や行動の改善がみられると
されており、この手法を問題行動や依存症、さまざまな精神疾患に適用する。

　内観は日常生活でも行うことができるが、専門施設では7日間、朝から晩まで
外界からの刺激を遮った狭い空間の中で集中して内観を行い、面接者に思い出し
たことを語るという集中内観が行われることもある。これは、内観者自身による
徹底的な振り返りと、共感的・非指示的に内観を聞く面接者との間で紡ぎ出され
るライフストーリーともいえるだろう。

準に基づいて語りの内容を分類する方法も用いられる（マクアダムスのライフ
ストーリー研究については第7章で詳しく述べる）。

2.4 伝記研究

　インタビューという直接的な相互作用ではなく、日記や手紙、さまざまな作
品などの個人的なドキュメントや、その他に利用できる社会的な記録などを総
合的に用いて人物理解を行う方法もある（Allport, 1942 大場訳 1970）。**伝記研
究**はその一つであり、著名な人物について公表されている豊富な情報を利用し
て行われる。ここでのパーソナリティ理解は、対象人物と研究者の直接的な相
互作用の中で行われるものではないが、特に対象が同時代に生きていない人物
である場合には、誕生から亡くなるまでの人生全体を俯瞰できるという利点が
あり、パーソナリティ形成のプロセスについて考察することができる。

　エリクソン（Erikson, E. H.）は、伝記資料からその人のパーソナリティ形

成の過程を分析する心理—歴史的アプローチによって，ガンジーやルターについて詳細な理解をまとめている。日本では，西平直喜が伝記分析の手法を用いて青年心理学における重要なテーマ（モラトリアム）や，青年期以降の人格形成に関する原則について考察している。また大野 久のグループも，著名な小説家や音楽家を対象として積極的に伝記研究を行っている。伝記研究では，豊富な資料から個別的な人物について生き生きとした記述を行い，そこから，多くの人の心の働きを説明できるような一般的現象を見出して心理学的な視点を持って分析することで，パーソナリティ形成の過程について普遍的な考察を行うことができる（大野，1998）。

2.5　当事者研究

　臨床場面におけるクライエントと治療者，インタビューにおける語り手と聴き手が同じ状況の中にあり，その相互作用の中でパーソナリティの理解が進められるという点は，これまで紹介した定性的アプローチに共通する特徴であった。この両者の役割が同じ人々によって担われるのが**当事者研究**である。

　浦河べてるの家では，地元病院の精神神経科に入院中または退院した人々が家族や支援者とともに暮らしながら，自分たちで事業を行い，地元で生活している。べてるの家の活動の中でも特に注目されているのは，精神疾患を持つ人々が自分の病を自分の言葉で語り，さらにそれを精神医学の学会や講演会などでも発信している点である。また，べてるの家のメンバーが自分の経験した症状について語る様子を記録したビデオや動画も数多く公開されている。統合失調症を持つ人々が自分の病気に「爆発型」などのように名前をつけ，詳細に，時にユーモアを交えて症状について語る内容は，病について部分的な知識しか持たない一般の人々だけでなく医療に携わる人々に対しても大きな驚きを与えた。また彼ら自身にとっても，それまで人には言えなかった症状について自分の言葉で表現したり，他の患者や医療関係者や一般の人々に受け入れられたりするという経験は，病とともにある自分を生きていく上で大きな力になるという（横川，2003）。

2.6 ま と め

　定性的なアプローチでは，理解しようとする者とされる者がそれぞれに個性を持った存在であることによって，両者の相互作用から現れてくるパーソナリティ理解は個別的なものになる。そのためこうしたアプローチは，問題設定や解釈が恣意的で客観性や信頼性に欠ける，得られた理解を他の対象に一般化しにくい，などの批判を受けることもあった。しかしオルポートが述べたように，個別的なアプローチと一般法則を見出すようなアプローチはそれぞれ互いの方法では接近できないようなパーソナリティの側面をとらえるものであり，パーソナリティ全体の理解を測る上ではどちらも必要である。

　これら2つのアプローチの相補性について，やまだら（2013）は，言語を用いた具体的な事例や物語をモデルとして示すことで，日常生活に結びついた一般化が可能になると述べ，質的研究が従来の仮説検証的・定量的な心理学研究を否定するのではないとしている。

　また，近年では複数経路・等至性モデル（Trajectory Equifinality Model; TEM）に基づいて，人の発達的変化の多様性を記述しようとする定性的研究が行われている。TEMでは，人がある状態から発達していく経路はさまざまであるが，結果として類似した状態（等至点）に至ると考える。等至点は本人にとって重要な意味のあるライフイベントであり，研究者にとっては実践的な意義を持つ研究対象となる。さらに，ある状態に至った人々だけでなく，それとは違う状態（両極化した等至点）に至った人々にも注意を払うことで，人間の発達の過程で社会や文化とどのような相互作用が行われているか，個別性を超えて考察することができる（サトウら，2006）。

　このように，個々のパーソナリティの性質を記述することから始まる定性的研究は，個別的な理解から始まり普遍的な知見を提供するものに発展させることができるのである。

参 考 図 書

クレスウェル, J. W.・プラノ クラーク, V. L. 大谷 順子（訳）(2010). 人間科
　　学のための混合研究法——質的・量的アプローチをつなぐ研究デザイン——
　　北大路書房

　質的アプローチと量的アプローチを併用する混合研究の有用性について述べてお
り，研究デザインを考える上で参考になる。

エリクソン, E. H. 西平 直（訳）(2002, 2003). 青年ルター1, 2　みすず書房
エリクソン, E. H. 星野 美賀子（訳）(2002). ガンディーの真理——戦闘的非暴
　　力の起源——1, 2　みすず書房
西平 直喜（1975, 1976, 1977, 1978）. 青年心理学に伝記分析的手法を導入する
　　試み1〜4　山梨大学教育学部研究報告　人文社会科学系, 25〜28.
大野 久・茂垣 まどか・三好 昭子・西平 直喜（2007）. 伝記研究から見た「自我に
　　内在する回復力」 日本教育心理学会第49回総会論文集, S38-39.

　心理学的研究における伝記分析の意義や手法について知ることができる。エリク
ソンによる伝記研究は近年再び注目され，新装版が出版されている。

安田 裕子・滑田 明暢・福田 茉莉・サトウ タツヤ（編）(2015). TEA 理論編——
　　複線経路等至性アプローチの基礎を学ぶ——　新曜社
安田 裕子・滑田 明暢・福田 茉莉・サトウ タツヤ（編）(2015). TEA 実践編——
　　複線経路等至性アプローチを活用する——　新曜社

　複線経路・等至性モデルを用いた研究アプローチ（TEA）について，基本的な考
え方と研究への応用方法を知ることができる。

パーソナリティの記述と測定（2）
——定量的アプローチ

パーソナリティという複雑な対象の複雑な性質をそのままに記述しようとするのが定性的アプローチであるとすると，定量的アプローチはパーソナリティのある特徴に注目して，その程度を数量的に測定しようとする方法である。たとえば目の前にあるリンゴに対して，果皮の色合いやナイフを入れたときの音や手応え，さわやかな香り，味わったときの酸味や甘味などを言葉で表現するのが定性的な記述であるのに対して，果皮の色合いを赤・緑・青の３原色の割合で測定したり，糖度を測定したりするのが定量的な記述である。本章では，このような定量的なアプローチをパーソナリティという心理学的な概念に応用する方法について紹介する。

3.1　定量的アプローチとは

定量的アプローチとは対象の特徴を数量的にとらえる方法であり，パーソナリティ心理学においては，パーソナリティのさまざまな特徴を数値として測定する心理テストや心理尺度が作成されている。第２章で紹介したように，ある個人のパーソナリティを全体として理解したい場合には，その性質に深く迫ることのできる定性的・個性記述的なアプローチが有効だろう。しかし，複数の人々のパーソナリティを比較したい場合や，パーソナリティと他の要因との関連を統計的に調べる**法則定立的な研究**では，数量的にパーソナリティを測定することが必要になる。

定量的アプローチでは，測定したいパーソナリティの特徴を示すような考えや行動の質問項目を作成し，その内容が自身にどの程度あてはまるか，どのくらいの頻度でそうした行動をとるかなどを報告してもらい，その程度や頻度に

応じて得点化することでパーソナリティを数量的にとらえようとする。この方法は**特性論**に基づくパーソナリティテストでよく用いられている。

3.2　パーソナリティの特性論

パーソナリティ**特性**とは，人の行動の一貫性を説明するために考えられた構成概念である。オルポートは，パーソナリティ特性には，ある個人に特有の**個別特性**（unique trait）と，程度の差はあっても同じ文化圏にいる多くの人が共通して持っている**共通特性**（common trait）の 2 種類があると考えた。共通特性はさらに，人が目標に向かって行動しているときの特徴を表す表出特性と，自己や他者，価値に対する態度を表す態度特性に分かれる。この共通特性によって個人のパーソナリティを表現したり，複数の人を比較したりするために用いられたのが第 1 章で紹介した心誌である。

オルポートは人の行動の特徴を表す約 1 万 8,000 語の言葉を辞書から抜き出して，それらを①パーソナリティ特性を表す中立的な言葉（「活発な」「きちょうめんな」など），②一時的な気分や活動を表す言葉（「悩んでいる」「浮かれ騒いだ」など），③行動の評価や他者への影響を表す言葉（「異常な」「立派な」など），④その他身体や能力，発達的な状態を表す言葉や比喩表現（「たくましい」「ナイフのように鋭い」など）の 4 つに分類した。このうち①が比較的安定した行動傾向を表すものとして，その後のパーソナリティ記述語を使った語彙研究に用いられてきた。

キャッテル（Cattell, R. B.）もオルポートと同様に，パーソナリティには独自特性と共通特性があると考えた。さらにキャッテルは，直接観察できる行動特徴の集まりである**表面特性**（surface trait）と，表面特性同士の関係の中から見出される**根源特性**（source trait）という階層構造を想定し，オルポートの特性語リストの分析に加えて日常行動の評定や実験的な行動観察，自己評定などのデータに対して因子分析という手法を用い，最終的に 16 の根源特性を見出した。彼の特性論に基づいて作成されたパーソナリティテストには 16PF（16 Personality Factor Questionnaire；16 人格因子質問紙，表 3.1）があり，日

BOX 3.1　感情を表す語とパーソナリティ

　「陰気な」「いらいらした」「穏やかな」などのような言葉は一時的な感情状態を表すが，それらの感情を頻繁に，あるいは強く経験するならそれはパーソナリティの特徴を意味することになる。プルチックとコント（Plutchik & Conte, 1997　橋本・小塩訳 2019）はこの点に注目し，感情とパーソナリティに共通する円環モデルを提唱している。このモデルでは感情語，またパーソナリティ特性同士の類似度を角度に変換し，色のグラデーションを円環上に並べた色相環で補色が180°の位置に来るのと同じように，正反対の感情語やパーソナリティ特性が向かい合わせに配置される。対人場面での行動の特徴，パーソナリティ障害なども円環モデルによって表現し，臨床的に応用する試みも行われている。

表 3.1　**16PF の下位尺度**（伊沢ら，1982）

	低得点の特徴		高得点の特徴
1	うちとけない	—	うちとける
2	知的に低い	—	知的に高い
3	情緒不安定	—	情緒安定
4	謙虚	—	独断
5	慎重	—	軽率
6	責任感が弱い	—	責任感が強い
7	ものおじする	—	ものおじしない
8	精神的に強い	—	精神的に弱い
9	信じやすい	—	疑り深い
10	現実的	—	空想的
11	率直	—	如才ない
12	自信がある	—	自信がない
13	保守的	—	革新的
14	集団的	—	個人的
15	放縦的	—	自律的
16	くつろぐ	—	固くなる

BOX 3.2　**因子分析とパーソナリティ特性**

　　さまざまな行動傾向を表す質問項目の中から共通の性質を持つ項目群を見出せるのが**因子分析**という統計手法であり，パーソナリティ特性を見出すための研究に適している。探索的な因子分析では，たとえば①「活動的である」という質問に「はい」と答える人々は「リーダーシップをとることが多い」にも「はい」と答える傾向があり，②「親切で思いやりがある」と「人と協力して仕事を行う」にも共通した回答傾向がある，というような相関関係を集約して，回答傾向が似た項目群に共通する因子という潜在的な次元を算出する。そして上の例の①なら外向性，②は協調性，というように項目群の性質を考え合わせて，その因子に命名する。

本語版も出版されている（伊沢ら，1982）。これは行動や考え方を表すさまざまな質問に対して，「はい」「いいえ」「どちらとも言えない」などの3件法で受検者の自己報告を求め，16特性の得点を算出する形式のテストである。

　アイゼンク（Eysenck, H. J.）もキャッテルと同様に因子分析を用いて特性次元を明らかにしようとした。アイゼンクの特性理論では，①日常生活の個々の行動，②繰返し観察される習慣的行動，③特性（いくつかの習慣のまとまり），④類型（相関のある特性の集まり），という階層構造を想定している（図5.1参照）。この類型のレベルにあたるのが，**外向性—内向性**，**神経症傾向—安定**，**精神病質傾向**の3因子で，これらはそれぞれ固有の生理学的特徴を持つと考えられている。この3因子を測定するテストとしては，自己報告形式によるアイゼンク人格目録改訂版（**Eysenck Personality Questionnaire-Revised**）とその短縮版が作成され，日本でもその翻訳を用いた研究が行われている。

　なお，アイゼンクの特性論で想定されている類型は，複数の下位特性を統合した上位特性（超特性）として解釈できるものであり，従来の類型論（**BOX 3.3**参照）でいうタイプとは異なる。

BOX 3.3	パーソナリティの類型論

　類型論では人々のパーソナリティをいくつかのタイプ（類型）に分類する。

　ユングの類型論では，外向―内向（リビドーが外界か自己の内面のどちらに向かいやすいかの一般的態度の次元）に思考―感情，感覚―直観という心的機能の2次元を組み合わせてパーソナリティのタイプを想定している。マイヤーズとブリッグスはこれに判断―知覚の次元を加えて16類型に分類するマイヤーズ=ブリッグス・タイプ指標（Myers-Briggs Type Indicator; MBTI）を作成した。MBTIは日本語版も作成されており，有資格者のみが実施やフィードバック（テスト結果を受検者に説明すること）を行うことができる。

　また，シュプランガー（Spranger, E.）は，人が生活の中でどのような領域に価値を置くかという観点から，理論型，経済型，審美型，宗教型，権力型，社会型の6類型を提案している。この類型に基づいてオルポートらが作成した尺度は，各類型の特徴的な行動や考えに関する質問項目から構成され，得点が高い類型に分類する方法がとられるが，個人内で2つ以上の類型の得点が高い場合や，顕著に高い得点がない場合など，分類が困難な場合も起こりうる。

　このような問題点はあるものの，類型論にはパーソナリティについて簡潔で説得力のある表現ができるという利点がある。必要な類型が十分詳細に記述されており，また類型への分類が客観的に行えるような方法が整備されている場合には，有効なパーソナリティ理解の手段になるだろう。

3.3　パーソナリティのビッグ・ファイブモデル

　前節で述べたように，近年のパーソナリティ特性研究では日常言語の分析や質問紙による行動の自己評定などのデータから，因子分析という統計的手法によって，重要で普遍的なパーソナリティ特性を発見しようとしてきた。特性の一つひとつは行動のある側面だけをとらえるものであるが，重要な特性をすべて取り出して定量的にとらえることができれば，それらを総合的に用いることでパーソナリティ全体の理解に近づくことができるというのが特性論の考え方

である。したがって，特性研究ではどのような特性をいくつ抽出すればパーソナリティを網羅することができるのかということが論点の一つであった。この点について，現在のところ世界的に同意が得られているのがビッグ・ファイブ（パーソナリティの5因子モデル）である。特性研究がビッグ・ファイブモデルに収斂した経緯には2つの研究の流れがある。

　まず，さまざまな言語においてパーソナリティを表す言葉（特性語）の分析で類似した5因子が見出されてきたことがあげられる。ノーマン（Norman, 1963）が171の特性語から外向性・高潮性（Extroversion or Surgency），協調性（Agreeableness），誠実性（Conscientiousness），情緒安定性（Emotional Stability），教養（Culture）の5因子を見出したのをはじめとして，ゴールドバーグ（Goldberg, 1990）はやはり高潮性，協調性，誠実性，情緒安定性，そして知性（Intellect）の5因子を見出し，それらを権力，愛，仕事，感情，知性と意味づけている。

　もう一つの流れは，従来のパーソナリティテストの再分析によって同様の5因子が得られたことである（Digman & Inoue, 1986）。こうして，日常言語と，理論に基づいて作成されたパーソナリティテストの両方からほぼ対応する5因子が見出されたことから，1990年代以降は，これらの5因子がパーソナリティの基本的特性であることを前提として新しく，パーソナリティテストが作成されるようになった。その代表的なものにはコスタとマックレー（Costa & McCrae, 1989; 日本語版は下仲ら，1999）による Revised NEO Personality Inventory（NEO-PI-R）や，辻ら（FFPQ研究会，2002）による5因子性格検査（Five-Factor Personality Questionnaire; FFPQ）がある。

　NEO-PI-Rは5因子×6下位尺度×8＝240項目から構成されるテストで多くの言語で翻訳されており，文化間で比較研究を行う際には有効である。一方，FFPQは従来の欧米的視点による5因子の性質を考慮した上で，日本的または東洋的な文化性を反映させた独自の5因子を考案しており，テストの構成は5因子×5下位尺度×6＝150項目である。NEO-PI-RとFFPQの5因子の内容は表3.2に示すようにやや異なる部分もあるが，対応する因子間には中程度以上の相関関係があり，2種類の5因子モデルの概念的共通性も確認されている。

表 3.2 NEO-PI-R と FFPQ の 5 因子

	NEO-PI-R	FFPQ
1	外向性 Extraversion	外向性 Extraversion
2	調和性 Agreeableness	愛着性 Attachment
3	誠実性 Concscientiousness	統制性 Controlling
4	神経症傾向 Neuroticism	情動性 Emotionality
5	開放性 Openness	遊戯性 Playfulness

表 3.3 **FFPQ の項目例**（FFPQ 研究会，2002）

- 大勢でわいわい騒ぐのが好きである（外向性）
- 気配りをするほうである（愛着性）
- 仕事は計画的にするようにしている（統制性）
- 物事がうまくいかないのではないかと，よく心配する（情動性）
- 好奇心が強い（遊戯性）

なお，近年では，特性語の分析結果から 5 因子ではなく 6 因子が見出せると主張する研究者もある（Ashton & Lee, 2001）。彼らの理論は，正直・謙虚（Honesty-Humility），情動性（Emotionality），外向性（eXtraversion），調和性（Agreeableness），勤勉誠実性（Conscientiousness），開放性（Openness）の頭文字からヘキサコ（HEXACO）モデルとよばれており，複数の言語で同様の 6 因子構造が確認されている。またヘキサコモデルに基づいたパーソナリティテスト（HEXACO Personality Inventory; HEXACO-PI）も作成されている（Lee & Ashton, 2004; 日本語版は Wakabayashi, 2014）。

このように，パーソナリティの特性研究では，因子分析を用いて解釈可能な次元を取り出すことができるが，統計的に適切だと思われる数の因子を抽出したとしても，それがパーソナリティの基本的次元を網羅しているという保証はない。

　また，これらの研究が主に自己評定や他者評定のデータを用いているため，取り出される因子は対人認知の次元であって，パーソナリティの基本的な次元ではないという主張もある。これらの批判に応えるものとしては，ビッグ・ファイブと生物学的な基盤との関係を調べる研究が行われている（第4～6章参照）。さらに，パーソナリティ特性という概念そのものに対しても，人の行動に一貫性をもたらすものという素朴な定義ではなく，人と状況との関わり合いの中で観察される行動傾向を表すものであるという相互作用論的な観点が提案されている（第10章参照）。

3.4　パーソナリティテストと心理尺度

　前節までは主に質問紙形式のパーソナリティテストについて紹介したが，心理学研究では同じく質問紙形式を用いた**心理尺度**も多く用いられている。これらの方法は，どちらもある行動や考え方の特徴を表すような質問項目を作成し，それらの特徴が自分にどのくらいあてはまるか（程度），どの程度よく起こるか（頻度）などの回答を求めることが多く，形式としてはよく似ている。数量化（スコアリング）の際には一つひとつの回答の程度や頻度が高いほど高い得点を与え，その得点を合計することでその特徴の指標とする点も共通している。これらの2つの方法の違いは，その得点をどのように用いるかである。

　一般に，パーソナリティテストは個人のパーソナリティを理解する目的のために行われ，ある人のテストの得点はそれが他の人々と比較して高いのか低いのかというように評価される。このために多くのパーソナリティテストでは，個人の得点を相対的に評価するための基準が設けられている。これは，あらかじめそのテストを多数の人々に実施して，その得点の統計的な特徴（平均得点や，人々の得点がどのように分布するか，など）から導き出された基準である。この手続きを**標準化**（standardization）とよび，性別や年齢層によって異なる標準集団を設定して，受検者が該当する標準集団の基準と比較して「平均的な範囲にある」とか「かなり高い」「やや低い」などのように得点を評価する。

　一方，心理尺度はパーソナリティの特徴と他の要因との関連を調べる法則定

立的な研究で多く用いられる。このような研究における尺度得点は，研究参加者を「高得点群」「低得点群」などのようにグルーピングしたり，他の数量的な指標との全体的な相関関係や因果関係を検討したりする際に用いられる。つまり，心理尺度の得点は人々のパーソナリティの特徴を表す数値ではあるが，一人ひとりの得点が問題にされることはあまりない。

　なお，これまでにどのような心理尺度が作成されているかを調べるには，現在第6巻まで刊行されている『心理測定尺度集』（サイエンス社）を参照するとよい。

3.5　パーソナリティテストの信頼性と妥当性

　パーソナリティをはじめとして，人の心のありようを数量的に測定するという行為は本質的には侵入的なものであり，必要がある場合に適切な方法で行われるべきである。パーソナリティテストを行う場合，そのテストが目的に対して適切な方法であるかどうかを確認するポイントとして**信頼性**（reliability）と**妥当性**（validity）という性質がある。

　信頼性とは，測定結果に含まれる誤差が少ないことを意味する。限られた項目数で測定しようとするのであるから，測ろうとしている実際のパーソナリティとテスト得点の間に何らかのずれ（誤差）が生じることは避けられない。統計的には，測定を繰り返すことでその平均値が実際のパーソナリティに近づくと考えられるが，現実には何度もテストを行うことはできない。そこで，①同じテストを2回実施する（再検査法），②内容が同じと考えられる別のテストを実施する（並行検査法），③検査内の項目を二分割して別々のテストとみなす（折半法）という方法が考案されている。いずれも得られた2つの得点の間の相関係数が高いほどそのテストの信頼性が高いと判断される。また③と同様の考え方で，すべての可能な組合せで得られる係数の平均値とみなされるクロンバックの α 係数という数値は，特にテストの内的整合性を示す指標としてよく用いられている。

　妥当性は，そのテストが測定しようとしている構成概念を適切に測定できて

いるという性質のことであり，全体として**構成概念妥当性**（construct validity）
とよぶこともある。構成概念妥当性は具体的にはいくつかの側面から検討され
る。

　まず，あるテストの内容が，測定しようとしている概念を適切に網羅してい
るかどうか（**内容的妥当性**（content validity））という性質があげられる。こ
のためには，テスト作成の最初の段階で，関連する理論や先行研究を参考にし
たり自由記述による予備調査を行ったりして，幅広い項目の候補を作成してお
く必要がある。たとえば，先にあげたビッグ・ファイブモデルに基づくパーソ
ナリティテストを作成しようとするなら，5つのパーソナリティ特性の内容を
網羅するような項目を作成しなければならない。また，測定する構成概念に複
数の側面があると理論的に考えられるテストでは，テスト結果に対して因子分
析を行い，実際にテスト項目が理論通りの因子を構成した場合に**因子的妥当性**
（factor validity）があるという。上の例でいえば，5つのパーソナリティ特性
を反映すると考えられた項目が，想定通りの5因子にきれいに分かれるような
場合である。

　基準関連妥当性（criterion-related validity）は，測定しようとする構成概念
に関連するであろう他の指標（外的基準）と検査結果との間に実際に関連が見
出せるかどうかを調べることで確認できる。その外的な基準が同時に得られる
場合には**並存的妥当性**（concurrent validity）という。たとえば不安症状の強
さを測定する検査の得点の場合，医師による不安障害の診断という外的基準を
用いて，診断あり群のほうが診断なし群よりテスト得点が高いという結果が得
られるような場合である。また，ある時点で実施した職業適性検査の結果と，
後に実際に就いた職業とがよく一致するというように，外的基準が検査実施後
に得られる場合には**予測的妥当性**（predictive validity）とよぶこともある。さ
らに，関連が予測される外的基準との間に実際に関連が認められることを**収束
的妥当性**（convergent validity），関連がない外的基準との間に実際に関連がな
いことを**弁別的妥当性**（discriminant validity）ともいう。

　このように，信頼性や妥当性には多くの性質があり，心理検査の作成過程は
それぞれのマニュアルや解説書で報告されていることが多いので，テストを選

択する際には信頼性や妥当性の検討結果について確認しておく必要がある。

3.6 ま と め

　パーソナリティを数量的にとらえることは，客観的な自己理解やパーソナリティに関する一般的な法則を見出そうとする科学的研究にとっては非常に有効な手段である。しかし，信頼性や妥当性が十分に検討されたテストであっても，その用い方が適切でなければ有益な結果は得られない。そこで，最後にパーソナリティテストを実施する上での一般的な注意事項について述べておこう。

　まず最初に，ある場面でテストを実施する場合には，テストを受けることでその人にとって有益な情報が得られることが予想でき，また本人がテストを受けることに同意していることが前提である。

　次に，できるだけその人本来のパーソナリティの特徴をとらえることのできるような状況を作ることに留意する。特に自己報告形式のパーソナリティテストの場合は，自分を良く見せようという傾向（社会的望ましさ）が回答に影響する場合があるので，ありのままに回答することがその人のパーソナリティ理解にとって重要であることや，テスト結果が本来の目的以外には利用されないことを明確に伝えておくべきであろう。一般に，心理検査を実施する際には受検者と検査者の間に信頼関係（ラポール）が築かれていることが重要であるといわれるが，上記のような事柄はこの信頼関係を築く上でも必要であろう。

　実際の実施に際しては，テストごとに決められた手続きに従うことが重要である。教示が不十分であったり，回答を不必要に急がせたりするなどして実施手続きが本来のものと違ってしまうと，そのテスト結果は意図したものとは違う内容を反映してしまう可能性がある。どうしても実施状況を変更する必要があったときには，結果の解釈については保留が必要である。

　最後に，得られた結果の解釈や利用にも配慮が必要である。本来はパーソナリティの特徴は「良い」「悪い」といった価値判断とは無関係であるべきで，多くのテストでは結果の数値を「平均より高い」「平均より低い」というように相対的に評価する。しかし，おそらく一般の人は「得点が高いほど優れてい

る」というタイプのテスト（たとえば学力テスト）を多く経験しているために，数値で表されたパーソナリティの特徴に対しても「高いほうが良い」「低いほうが悪い」という価値判断を行ってしまうことがある。また，臨床場面でパーソナリティ理解のために行われたテストの結果は，「今のような症状が起こるのはこんな性格だからだ」という短絡的な原因探しにつながってしまうこともあるので，テストを受けた人に結果を伝える際には注意が必要である。

　なお，本章で主に取り上げたのは特性論に基づいた質問紙形式のパーソナリティテストであるが，実際に何らかの問題解決課題を与えてその遂行の特徴を数量的にとらえようとするテストもある。このような方法については第10，11章で紹介する。

参 考 図 書

プルチック，R.・コント，H. R. 橋本 泰央・小塩 真司（訳）（2019）．円環モデルからみたパーソナリティと感情の心理学　福村出版
　円環モデルをさまざまな理論にあてはめ，日常の対人関係や臨床的な問題も説明しようとする興味深い一冊。
辻 平治郎（編）（1998）．5因子性格検査の理論と実際——こころをはかる5つのものさし—— 北大路書房
　ビッグ・ファイブの理論的背景やFFPQの作成過程を通して，パーソナリティ特性論の変遷や心理テストが備えておくべき信頼性，妥当性の検討についても学ぶことができる。

パーソナリティへの
神経生理学的アプローチ
4

本章では，パーソナリティという現象の基盤となっている神経生理学的なメカニズムに注目する。私たちが日々行っている行動の一つひとつは，環境から入ってくるさまざまな刺激を処理し，適切な反応として実行する，大脳を中心とする神経系の働きに支えられている。近年の研究手法の進歩によって，さまざまな行動に対応する大脳の働きの特徴が明らかになり，それらの特徴の個人差が行動の個人差として現れてくることもわかり始めている。本章では，ふだんあまり意識することのない身体的な基盤からパーソナリティについて考察してみよう。

4.1　大脳からみた行動のメカニズム

人は環境からさまざまな刺激を受けながら，その刺激に適した行動をとろうとする。そして，その行動の結果は環境にも変化をもたらし，人はそこから新たな刺激を受け取る。このように，人と環境との絶え間ない相互作用を支えている一つひとつの行動の基盤にある生理学的なメカニズムに注目してみよう。

こうした個々の行動は，神経系の働きによってコントロールされている。神経系は脳や脊髄からなる中枢神経と全身に広がる末梢神経系から構成されており，外界の刺激や自身の身体内で起こる感覚情報は末梢神経から脊髄，大脳へと伝わり，その情報が処理された結果，ある反応の命令が大脳から脊髄，末梢神経へと伝えられて行動が生じる[1]。

---

[1] こうした処理が大脳ではなく脊髄で起こっていると考えられる反射というタイプの反応や，末梢神経の中でも体内のさまざまな器官の調節を行う自律神経系の働きがあるが，ここではふれない。

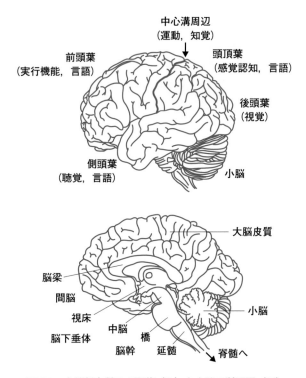

図4.1　**大脳新皮質の4頭葉（上）と大脳の断面図（下）**

　大脳の構造は，生命維持に関わる**脳幹**（間脳，中脳，橋，延髄から構成），記憶や情動をつかさどる**大脳辺縁系**（海馬体，扁桃核，帯状回，視床下部，側坐核など），そして大脳表面を覆っている**大脳皮質**に大別できる（図4.1）。大脳皮質は進化的にもっとも新しい部位で，他の動物と比べると人間では非常に大きく発達している。大脳皮質は主要な脳溝によって前頭葉，頭頂葉，側頭葉，後頭葉という4つの領域に分けることができ，これらの領域には視覚，聴覚，運動，言語，記憶，注意，感情などさまざまな機能をつかさどる**中枢**が局在している。

　大脳皮質は100億個から180億個といわれる神経細胞（ニューロン）から構

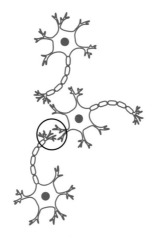

図 4.2　シナプスとシナプス間隙
〇の部分にわずかな隙間がある。

表 4.1　神経伝達物質の主な種類

アミノ酸	GABA（γ-アミノ酪酸），グルタミン酸など
アミン	ドーパミン，エピネフリン，ノルエピネフリン，セロトニンなど
ペプチド	エンケファリン，サブスタンス P など

成されており，感覚情報や運動の命令はこの神経細胞の結合（シナプス）を通して電気信号として伝達される。ただし，この神経細胞同士の結合部分にはわずかな隙間（シナプス間隙）があり，この隙間では，前の神経細胞で合成された神経伝達物質が放出され，後の神経細胞の受容体がそれを取り込むことで電気信号が伝えられる（図 4.2）。

　これまでに数十種の神経伝達物質が確認されており，それらはアミノ酸，アミン，ペプチドに大別される（表 4.1）。放出される神経伝達物質はニューロンによって異なり，またそれらが放出される生化学的な条件も異なっている。

　大脳における神経生理学的な特徴を調べる手法には，①核磁気共鳴画像法（MRI）やポジトロン断層法（PET）などの脳神経画像法，②第 5 章で紹介す

表4.2　パーソナリティ研究で用いられる神経生理学的な手法

①脳神経画像法	・**核磁気共鳴画像法（MRI）** 脳内の原子（水素や酸素など）の量を測定する非侵襲的な手法。頭部を大きな磁石の間に置き，脳内の原子の核（陽子）に電磁波を与えて，陽子がエネルギーを吸収・放出する変化を電磁波の信号で記録する。この信号が強いほど，原子が多く存在することを意味する。脳のどの部位で神経活動がどのくらい増加しているかを示す機能的な画像（fMRI）や，脳の灰白質の密度など構造的特徴をとらえるために応用できる。 ・**ポジトロン断層法（PET）** 放射性物質を付加した溶液を血中に注射し，放出される陽子と電子の相互作用で発生する光子を検出することで，脳内の代謝活動を測定できる。代謝活動の盛んなニューロン群ほど活動レベルが高くなるため，何らかの作業を行っているときの脳の活動パターンを画像化できる。時間がかかり，また放射性物質を用いる侵襲的な手法であるという問題点がある。
②分子遺伝学的手法	遺伝の現象を DNA の分子レベルで分析する（第5章参照）。
③電気生理学的手法	・**脳波（EEG）** 神経細胞の電気活動を，頭皮や脳表面，脳深部などに置いた電極で測定する。 ・**皮膚電気反応（EDR，GSR）** 皮膚表面を流れる微細な電流の変化を測定する。発汗によって電気抵抗が低くなることを利用し，心理的・生理的覚醒の指標とみなす。
④内分泌性物質の指標	唾液中のホルモンレベルや，脊髄液中の神経伝達物質の代謝など，心的な活動に関連する内分泌性の物質の指標を用いる。
⑤精神薬理学的な操作	例：セロトニンレベルを変化させるために，トリプトファンを増強または枯渇させるような薬物を用いる。

る分子遺伝学的手法，③脳波（EEG）や皮膚電気反応（EDA，GSR）などを用いる電気生理学的手法，④脳内の内分泌性物質の指標，⑤精神薬理学的な操作，などがある（表4.2）。

　近年，これらの手法が発展したことによって，神経生理学的な指標と，質問紙を中心とした方法で測定されるパーソナリティ特性との関係を調べる研究が多く行われるようになった。ドーパミン受容体に関わる遺伝子と，クロニンジャー（Cloninger, C. R.）が作成した質問紙（第5章参照）で測定される新奇性

BOX 4.1	パーソナリティの生物学的な基盤に関する古典的研究

　そもそもパーソナリティに生物学的な要因が影響するという考え方自体は，古代ギリシャのヒポクラテス（Hippocrates）やガレノス（Galēnos）まで遡ることができる。彼らの説は，体内にある4種類の体液（胆汁，黒胆汁，血液，粘液）のどれが優勢であるかによって気質（感情や行動の生得的な傾向）が異なるというものであった。観察される行動の特徴の背景に（根底に）生物学的な要因があることは近年の神経生理学的研究によって明らかにされている。またガレノスの4つの気質は，後年のアイゼンクによる外向性と神経症傾向という2つのパーソナリティ次元の組合せとよく対応することも指摘されている。20世紀に入り，クレッチマーとシェルドンがそれぞれ精神病患者と健常な男性を対象として，体型とパーソナリティの関係について研究を行った。

　クレッチマー（Kretschmer, E.）は躁うつ病に肥満型が多く，統合失調症に細長型が多いことを見出し，後に筋骨型とてんかんとの関連も示唆された。一方，シェルドン（Sheldon, W. H.）は内胚葉型─内臓緊張型，外胚葉型─頭脳緊張型，中胚葉型─身体緊張型の3つを見出した。これらの2つの研究では，体型を決定する生物学的な要因が性格特徴の形成にも影響すると考えられていた。

追求得点との間に関連があることを見出したエブスタインら（Ebstein et al., 1996）の研究は，こうした研究の中でももっとも早く行われたものである。こうした研究は，パーソナリティ特性の実体を明らかにするために有効である。

4.2　ビッグ・ファイブに関する神経生理学的知見

　ここでは，パーソナリティのビッグ・ファイブ特性に関する神経生理学的な研究を紹介する。ビッグ・ファイブモデルは現在研究がもっとも盛んに行われている理論であり，また第5章で紹介するアイゼンク，グレイ，クロニンジャ

表 4.3　ビッグ・ファイブモデルと他のパーソナリティ理論の対応
(Zuckerman, 2005 より作成)

ビッグ・ファイブ (コスタとマックレー)	アイゼンク	グレイ	ツッカーマン	クロニンジャー
外向性	外向性	行動接近 (BAS)	社交性	損害回避 （−）
神経症傾向	神経症傾向	行動抑止 (BIS)	神経症傾向・不安	損害回避 自己志向性 （−）
勤勉誠実性 （−）	精神病質	闘争／逃走	衝動的な刺激追求	新奇性追求 報酬依存 （−）
協調性		闘争／逃走	攻撃性・敵意 （−） 活動性	協調性 固執
開放性				
				自己超越性

※（−）は負の相関（逆の関連）を示す。
※これらの対応は実際の相関研究から導かれたものであり，理論的な対応とは必ずしも一致しない。また用いる尺度によって対応が変わる部分もある。

ーなどの生物学的基盤を持つパーソナリティ理論も，このモデルに沿って解釈することができる。ツッカーマン（Zuckerman, 2005）は生物学的基盤を持つ5つのパーソナリティ特性「オルタナティブ（もう一つの）・ファイブ」を提唱しており，自身の理論を含めた特性間の対応を表 4.3 のようにまとめている。

4.2.1　外　向　性

　外向性にはポジティブな情動の反応性や報酬刺激への接近性の側面が含まれており，グレイが提唱した BAS（Behavioral Activation System）も同じ性質を持つと考えられている。脳画像研究から，眼窩前頭皮質，側坐核，扁桃核，線条体など報酬刺激や快の感情に関連した領域での活動と，外向性や BAS の得点の間に正の相関があることが複数の研究で確認されている。扁桃核は顔の表情の処理に関わる部位であるが，外向性が高いほど，中立的な表情に比べて幸せそうな表情を処理しているときの扁桃核の活性化レベルが高いことが確かめ

られた。また，脳内血流量やPETの指標を用いた研究でも，快感情をもたらす刺激を処理しているときの扁桃核の活動と外向性の関係が示唆されている。

　なお，外向性得点が高いほどテストステロン（男性ホルモンの一種）のレベルが高いという相関も見出されており，ツッカーマンはテストステロンと報酬に関わる神経回路との関係を示唆している。

4.2.2　神経症傾向

　神経症傾向には，脅威や罰への感受性，不安・抑うつから怒りといった多様なネガティブ情動などの要素が含まれる。脳画像研究によって，神経症傾向は，ネガティブな情動に関連する脳の領域（扁桃核，島皮質，前帯状皮質など）における平静時，および嫌悪刺激や新奇な刺激に対する反応時の活動と関連することがわかっている。グレイのBIS，クロニンジャーの損害回避にも同じような特徴が含まれており，彼らはこの特性が，セロトニンの働きが弱いことと関連すると考えている。この関係はPET，精神薬理学的操作，脳脊髄液などを用いた研究で確認されている。

　また，神経症傾向の高い人は，ストレスに反応して分泌されるコルチゾールというホルモンのレベルが通常は高く，ストレスへの反応時にはむしろ低いという結果がある。神経症傾向とコルチゾール機能との関連は，脅威刺激やストレスに対する反応において視床下部―脳下垂体―副腎系（ストレスや免疫，情動などさまざまな活動に関連する神経内分泌系）が重要な役割を果たしていることと一致する。

4.2.3　協　調　性

　外向性と神経症傾向は「報酬への接近とポジティブ情動」と「脅威からの回避とネガティブ情動」という生物として根本的な行動傾向を反映する特性であり，生物学的な基盤も想定しやすく，研究の歴史も長い。協調性，勤勉誠実性，開放性についてはこの2つほど多くの研究は行われていないが，協調性に類似した特性が社会生活を営む哺乳類で観察されているという知見から，何らかの生物学的基盤を持つことは想像できる。

　協調性は対人関係における安定性を維持しようとする傾向であり，共感や協力，他者の感情や要求への関心といった，愛他的な特徴を含むため，社会的な情報処理を支える大脳のシステムと関連すると考えられる。実際に近年の神経科学的研究によって，共感や心の理論（他者の考えや信念を理解できる能力），他者の意図や動きの知覚にはミラーニューロンシステムが関わっていることがわかってきている。ミラーニューロンは，自分自身がある動作を行うときと，他者がその動作を行うのを観察しているときとで，同じように反応する性質を持ったニューロンである。fMRI を用いた研究で，他者の行動を観察したり模倣したりしているとき，また他者の表情を読みとっているときにみられるミラーニューロンや内側前頭前野の活動レベルは，共感性得点と関連があることがわかっている。

　また，協調性は神経症傾向と同様にセロトニンに関する遺伝子と関係があることがわかっているが，それ以外にもオキシトシン，バソプレシン，テストステロン，エストロゲンなどのホルモン類とも関連するのではないかといわれている。オキシトシンは俗に「信頼ホルモン」「愛情ホルモン」などとよばれることからもわかるように良好な対人関係に関わるホルモンであり，オキシトシンを投与することで他者の表情から感情を読みとる能力が向上したり，自閉症患者の症状が改善されたという結果が報告されている。また，テストステロンは攻撃性に関わる性ホルモンであり，テストステロンレベルの高さは協調性の低さに関係している。人差し指と薬指の長さの比（「2D：4D 比」）は胎児期にテストステロンに曝された量と関連し，テストステロン量が多いほど薬指が長くなるといわれている。この 2D：4D 比は攻撃性と関連があるだけでなく，協調性の低さとも関連するといわれている。

4.2.4　勤勉誠実性

　勤勉誠実性は生産的な方法で計画を立てたり，それを実行したりする傾向であり，これはその生物が瞬間的な衝動を抑えて長期的な目標を立てられる能力を持つ場合にだけ必要となる。動物の中では人間にもっとも近いチンパンジーにおいて勤勉誠実性に対応するようなパーソナリティ特性が見出されている。

　クロニンジャーの新奇性追求やツッカーマンの衝動的刺激追求性は勤勉誠実性の中でも特に衝動をコントロールする力が弱いことと関連している。衝動性を測定するさまざまな尺度の分析を行うと，刺激希求に代表される接近の側面と，忍耐や計画性の欠如などコントロールの弱さの側面が見出されるが，これらの生物学的基盤としては，前者がドーパミン機能のレベルの高さ，後者はセロトニン機能のレベルの低さだと考えられる。

　勤勉誠実性の生物学的基礎としては，ブドウ糖の代謝が関わっている可能性もある。ブドウ糖は大脳で使われるエネルギーの主要な源であり，血糖値の低さがセルフコントロールの失敗と関係することがわかっている。ブドウ糖の代謝が良く，大脳に安定してエネルギーを供給できる人は勤勉誠実性が高いのではないかと予測される。また，計画の立案や行動のコントロールに大脳の前頭前野が関わっていることを考えれば，勤勉誠実性とこの領域との関係の検討も今後進められていくだろう。たとえば fMRI を用いた研究では，抑制課題（特定の反応を抑えることが求められる）を行っているときの腹側前頭前野の活動は，衝動性得点とは負の相関を示している。

4.2.5　開放性／知性

　開放性の生物学的基盤を検討した研究は多くないが，開放性の一側面であると考えられる知性はワーキングメモリや認知的課題の遂行と関連しており，これらの課題における成績と背外側前頭前野の活動との関係は脳画像研究や脳の病変・損傷研究で確かめられてきた。また，ドーパミンはこの領域の活動を調節するのに重要な役割を果たし，流動性知能やワーキングメモリにおける個人差と結びついている。

4.3　ま と め

　本章では，神経生理学的な条件が特定の行動傾向に影響するという知見を紹介した。しかし，これらの条件がパーソナリティそのものなのではない。たとえば，統合失調症の治療ではドーパミンの働きを抑える薬物を用いるためにポ

ジティブ感情の減退などの症状が起こることがあるが，これを「薬物によって
パーソナリティが変化した」と考えることには抵抗があるのではないだろうか。

　脳画像や生化学的指標を用いることによって，今後もさまざまな行動の生物
学的基盤が明らかになることが期待できるが，こうした研究はまず人間に共通
する全般的な傾向をとらえようとするものである。パーソナリティは，個々の
行動を基礎としながらも，社会との相互作用の中で発展していくその人独特の
行動傾向をも包含するような広範なものである。パーソナリティを支える複雑
な脳機能のネットワークの存在を明らかにするには今後の研究が待たれる。

参 考 図 書

ベアー，M. F.・コノーズ，B. W.・パラディーソ，M. A. 藤井 聡（監訳）（2021）.
　　カラー版　ベアー コノーズ パラディーソ　神経科学——脳の探求——　改訂版
　　西村書店
　大脳の構造と機能について基本的な知識がまとめられている。

木島 伸彦（2014）. クロニンジャーのパーソナリティ理論入門——自分を知り，自
　　分をデザインする——　北大路書房
　パーソナリティの生物学的基盤から臨床的問題の理解と介入方法まで，クロニン
ジャーの理論について幅広く解説されている。

パーソナリティへの遺伝的アプローチ

　パーソナリティの遺伝的アプローチとは，パーソナリティの基盤として生物学的要因を考え，パーソナリティ構造の物質的因果性を見出そうとする探求であるが，遺伝によってパーソナリティのすべてが決定されるわけではない。行動を決めるのは「遺伝か環境か」という問いに対する答えは，現在の行動遺伝学の知見からすれば，「遺伝も環境も」である。

　本章では，まず，乳幼児期からみられる個人差である気質（temperament）と遺伝との関係を取り上げる。ついで，パーソナリティの遺伝的アプローチにおける基本的枠組みである行動遺伝学（behavioral genetics）について説明する。そして，行動遺伝学の知見から得られる「パーソナリティ・ドメインの定義とその遺伝的関与」，パーソナリティ形成における「遺伝と環境の相互作用」の2つのトピックを取り上げる。

5.1　気　質

　オルポート（Allport, 1961）が，「気質とは，情動的感受性，反応の速度や強度，機嫌や気分の変化や強さなど，幼少期の早い段階からみられる性格的な現象であり，生化学的構成に依存しているがゆえに，その基盤は遺伝的なものである」（p.34）と述べているように，気質とは，幼少期の早い段階から現れる，大脳生理学的，遺伝的要因と関連した行動特性であり，環境と遺伝の相互作用によってパーソナリティ特性へと変化すると考えられている（Saucier & Simonds, 2006; 高橋ら，2007）。

　このように，気質から生じる行動上の個人差は発達段階の初期からみられる。トーマスら（Thomas et al., 1970）は母親へのインタビューによって，赤ちゃ

んを,「扱いやすい子ども (easy babies)」「扱いにくい子ども (difficult babies)」「エンジンがかかりにくい子ども (slow-to-warm-up babies)」の3つの気質パターンに分けている。

　また,バスとプロミン (Buss & Plomin, 1984) は,気質を情動性 (emotionality),活動性 (activity),社交性 (sociability) の3つに分類し,一卵性双生児と二卵性双生児との比較による双生児研究の結果から,これら3つの気質が遺伝的要因によって規定されているとしている。

　気質研究に基づいた生物学的パーソナリティ理論の代表的なものに,アイゼンクの特性階層モデル (図5.1) がある。アイゼンクは,パーソナリティがいくつかの特性から成り立つと考え,最初に「外向性 (E)」と「神経症傾向 (N)」の2特性からなる2次元モデル (Eysenck, 1967),後に「精神病傾向 (P)」を加えた3次元モデルを提唱した。そして,これらの特性,特にEとNの2特性は生理的基盤を持つと仮定し,外向性は,大脳皮質—脳幹網様体系の

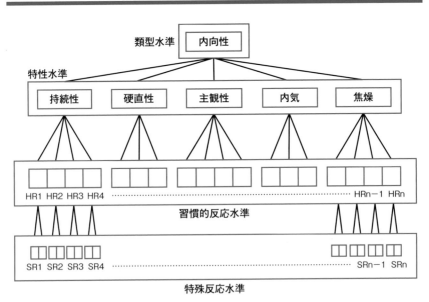

図5.1　**アイゼンクの特性階層モデル** (Eysenck, 1970 より作成)

覚醒水準（大脳皮質の興奮と制止）の個人差であり，神経症傾向は，内臓─自律神経系の覚醒水準（交感神経系の興奮）の個人差であると説明している。すなわち，外向的な人は大脳皮質の興奮が制止しやすいので刺激を求め活動的となり，神経症的な人は交感神経系の興奮が生じやすく情緒不安定であり，その興奮が長く続く傾向があると考えられているのである。このアイゼンクのモデルに基づいた質問紙が EPQ-R（Eysenck Personality Questionnaire Revised; Eysenck et al., 1985）である。

　このように，アイゼンクがパーソナリティの生得的基盤について言及し，またその神経生理学的基盤を明らかにしようとしてきた点からも，アイゼンクのパーソナリティ理論は気質の理論であるということができる（坂野，1998）。

　アイゼンクのモデルと同様に，気質要因を根底とし，神経生物学的知見を基盤としたモデルに，グレイ（Gray, J. A.）の気質モデルがある（Gray, 1970, 1987）。グレイは，行動抑制システム（BIS; Behavioral Inhibition System）と行動賦活システム（BAS; Behavioral Activation System）の２つの動機づけシステムによって，行動が制御されるとしている。BIS は，脅威刺激に対する行動の抑制を引き起こすとともに，その活性化によって否定的感情が喚起され，BAS は，目標達成に向けて行動を解発するとともに，その活性化によって肯定的感情が喚起されると仮定されている。そして，その機制として，BIS は中隔・海馬システムへと投射するセロトニン神経系，BAS は中脳辺縁系ドーパミン作動系が考えられている。グレイの BIS/BAS モデルによる個人差を測定する質問紙（図5.2）に，BIS/BAS 尺度（Carver & White, 1994; 高橋ら，2007）がある。

　アイゼンクやグレイのモデル以外に気質に基づいてパーソナリティの個人差を考える概念に，ケイガンの「行動抑制（behavioral inhibition）」（Kagan, 1989）がある。これは，２歳ぐらいまでの幼少期に，行動の「抑制的な子ども（inhibited children）」と「非抑制的な子ども（uninhibited children）」がみられ，そのような気質の違いが後のパーソナリティを特徴づけるというものである。

　また，ロスバートとベイツは，幼少期から衝動性や優勢な反応を抑制する能力に個人差がみられるとして，そのような能力を「エフォートフル・コントロ

BIS 項目		■何かよくないことが起ころうとしていると考えると，私はたいていくよくよ悩む。 ■誰かが私のことを怒っていると考えたり，知ったりすると，私はかなり心配になったり動揺したりする。 ■何か重要なことをあまりうまくできなかったと考えると不安になる。 ■非難されたり怒られたりすると，私はかなり傷つく。 など全 7 項目
BAS 項目	駆動 (Drive)	■欲しいものがあると，私はたいていそれを手に入れるために全力をあげる。 ■私は，欲しいものを手に入れるためには格別に努力する。 など全 4 項目
	報酬反応性 (Reward Responsiveness)	■何か好きなことをするチャンスをみつけると，私はすぐに興奮する。 ■競争に勝ったら，私は興奮するだろう。 など全 5 項目
	刺激探求 (Fun Seeking)	■楽しいかもしれないから，というだけの理由で何かをすることがよくある。 ■私はしばしば時のはずみで行動する。 など全 4 項目

図 5.2　**BIS/BAS 尺度日本語版**（高橋ら，2007 より一部抜粋）

ール（effortful control; EC）」（Rothbart & Bates, 1998）と名づけた。この抑制能力は，注意，思考，記憶などの認知的領域における反応抑制とも関係しているとされ（小林・丹野，2013），学業や適応行動の個人差と関係するとみられる（Li-Grinning, 2007）。また，前学童期において高 EC の子どもは低 EC の子どもと比べてよりがまんができることから，誠実性やコンプライアンス，他者に対する敬意や協調的態度など，道徳的発達の主要な要因でもあると考えられている（Kochanska & Aksan, 2006）。

5.2　遺伝によって受け継がれるもの

　環境により適応することができる形質が代々にわたって伝えられ，その結果，もっとも適応的な形質へと変化することが進化である。この適応を軸とした進化的な視点から人間の行動や心理を説明しようとするアプローチが第 6 章で紹介する進化心理学である。

　ところで，分子生物学や遺伝学といった生命科学の現在の知見から，進化とは，生物が生きていく上で環境に適応しなければならなかった過程で起きる，遺伝子（gene）の変化（遺伝子が変化すれば，当然生物の形質が変わることになる）と記述することもできる。遺伝子の変化は，自然選択説では**突然変異**（mutation）によって起こるとされている。しかし，**後成遺伝学（エピジェネティクス；epigenetics）**の最新の研究によると，先天的な遺伝子情報を制御する情報による細胞の生成を考え，ストレスや生活習慣などの環境条件によって，後天的にこのエピジェネティックな制御状態は変化すると考えられている。

　遺伝子の働きの目的は，自己複製である。したがって，「生命」とは，自己複製できることを保証する時間であるが，エピジェネティクスの考えからすれば，複製を支えている物質的基盤である遺伝子情報であるとすることができる。遺伝子は「生命」を続けるために，環境に応じて変化していくことができる DNA 情報（DNA 塩基配列）のセット（ゲノム）を持っていることになる。人間の体を構成する 60 兆個の細胞すべてにまったく同じ DNA が入っている。その DNA は 46 本の染色体に分かれて収納され，1 つの細胞の染色体全セットにヒトを作り出す遺伝情報が書き込まれているのである（太田，2013）。

　1 つの DNA には 31 億の塩基対が並んでおり，その中に組み込まれたヒトの遺伝子数は約 2 万 1,000 個である。その遺伝子に複数の遺伝子型があると仮定すると，遺伝的個性が実に莫大な量となることは容易に予想できよう。一卵性双生児のみがすべてに同じ遺伝子を持った唯一のカップルなのである。この遺伝的な個人差がパーソナリティの個人差に与える影響を実証的に検証しようとするのが行動遺伝学である。

5.3 行動遺伝学

遺伝的個人差は，パーソナリティの個人差にどの程度，そしてどのように影響を与えるのだろうか。その実証的研究が**行動遺伝学**（behavior genetics）であり，代表的な研究方法に「**双生児研究**（twin study）」と「**養子研究**（adoption study）」がある。

両研究において基本的なことは，遺伝子の共有率である。すなわち，一卵性双生児（MZ）では遺伝子は100％同一であり，二卵性双生児（DZ）では50％，養子では0％と考えられる。この違いがパーソナリティという心理学的形質にどの程度影響するのかを検討するのが，パーソナリティの行動遺伝学である。

具体的には，ファルコナー（Falconer, 1960）の量的遺伝の方程式によって，さまざまな行動の個人差は，遺伝的効果と環境的効果，そしてその交互作用と測定誤差の総和（行動＝個人間の遺伝的差異＋個人間の環境的差異＋個人と環境の交互作用＋測定誤差）であると仮定される。そして，遺伝の効果は一般的に遺伝率（h^2）で推定され，環境の効果は共有，非共有環境（2人が一緒に暮らしているかいないか）の効果として推定される。しかし，このファルコナーの遺伝率推定の方法は遺伝率しか求められないという制約があり，行動遺伝学では，「構造方程式モデリング」によって，遺伝，共有環境，非共有環境の3つの要因が，量的形質の表現型の個人差（たとえば「外向性」という特性）に与える効果を求めている。さらに，この手法はモデル自体の適合度も算出できることから，この3つの要因と表現型の関係にもっとも適合したモデルの図形的表現（図5.3）も示すことができる。

5.4 パーソナリティ・ドメインとその遺伝的関与

5.3節で説明された手法による遺伝率分析結果から，もっとも安定した結果を示しているパーソナリティモデルは，5つのパーソナリティ・ドメインからなるビッグ・ファイブの5特性モデルである。

多くの研究結果が，ビッグ・ファイブの5特性の遺伝率が40〜50％程度の

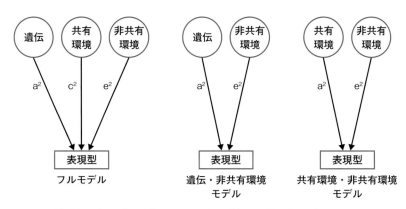

図 5.3 **構造方程式モデリングによる双生児の遺伝・環境解析モデル**（安藤，2012）
a^2, c^2, e^2 は，各要因の表現型に対する効果の重みづけを示す。

表 5.1 **ビッグ・ファイブ 5 特性における双生児の相関**

ビッグ・ファイブ 特性	一卵性双生児（MZ）		二卵性双生児（DZ）	
	Jang et al.（1996）	安藤（2012）	Jang et al.（1996）	安藤（2012）
神経症性（N）	.41	.46	.18	.29
外向性（E）	.55	.48	.23	.15
開放性（O）	.58	.53	.21	.27
同調性（A）	.41	.38	.26	.06
誠実性（C）	.37	.51	.27	.18

範囲であることを示している（たとえば，Loehlin et al., 1998）。これらの 5 特性を説明する環境要因として，共有環境の寄与はほとんどなく，残りは非共有環境の寄与であり（Bouchard & Loehlin, 2001），安藤（2012）は，図 5.3 に示した遺伝・非共有環境モデルが，5 特性すべてにもっとも適合することを示している。

また，ビッグ・ファイブについての双生児研究（Jang et al., 1996; 安藤，2012）では，ビッグ・ファイブの 5 特性すべてにおいて一卵性双生児のほうが二卵生双生児より相関が大きいこと（表 5.1）から，ビッグ・ファイブ 5 特性

における双生児の類似性は一卵性双生児のほうが高く，パーソナリティの個人差に対する遺伝的関与が示されている。

　気質とパーソナリティについてのクロニンジャーによる心理生物社会モデル（psychobiosocial model）では，パーソナリティは4つの気質的な次元，「新奇性追求（Novelty Seeking; NS）」「損害回避（Harm Avoidance; HA）」「報酬依存（Reward Dependence; RD）」「固執（Persistence; P）」と3つの性格的な次元「自己志向（Self-Directedness; SD）」「協調（Cooperativeness; CO）」「自己超越（Self-Transcendence; ST）」から構成され，240項目からなる「気質・性格目録（Temperament and Character Inventory; TCI）」により測定される（Cloninger et al., 1993）。

　クロニンジャーのこれら7次元についても，ビッグ・ファイブと同様に共有環境の効果はなく（安藤ら，2004），遺伝・非共有環境モデルにより多変量遺伝分析が行われている。敷島ら（2012）は，2,073人の双生児に対してTCIを実施して，TCIによって測定された7次元における一卵性双生児と二卵性双生児の類似性を双生児間の相関により比較している（表5.2）。その結果，すべての次元において一卵性双生児のほうが二卵生双生児より相関が大きいことから，双生児の類似性は一卵性双生児のほうが高く，クロニンジャーの7次元に対する遺伝的関与が示された。

表5.2　クロニンジャーの7次元における双生児の相関（敷島ら，2012より）

7次元モデル	一卵性双生児（MZ）	二卵性双生児（DZ）
新奇性追求（NS）	.34	.11
損害回避（HA）	.42	.24
報酬依存（RD）	.43	.09
固執（P）	.38	− .02
自己志向（SD）	.47	.29
協調（CO）	.46	.20
自己超越（ST）	.47	.18

　このように，ビッグ・ファイブの5特性やクロニンジャーの7次元というパーソナリティ・ドメインに対する遺伝的関与が示されたが，これらのドメインの下位構造に対しても，遺伝率や多変量遺伝構造モデリングから検討が行われている。たとえば，ビッグ・ファイブの代表的な質問紙であるNEO-PI-R（Costa & McCrae, 1992）の神経症傾向における下位特性の一つである衝動性では，その他の下位特性に共通である遺伝要因からの影響がみられないという多変量遺伝構造の結果が示されている（Jang et al., 2002）。この結果は，神経症傾向について，デザインされた表現型構造，すなわち質問紙に対する回答から得られた従来の因子構造の再検討を促す結果であるといえよう。

　同様に，クロニンジャーのTCIの気質に関する3つの次元，「新奇性追求」「損害回避」「報酬依存」の構造についても遺伝相関を基に分析した結果（Ando et al., 2004）から，従来のこれらの3次元に含まれている下位特性の組合せを修正すべきであるという指摘がある。

　これらの研究は，質問紙研究における従来の尺度構成に対する行動遺伝学からの貢献であり，尺度構成における遺伝的同次元性からの再検討が，気質や遺伝型を基盤とした生物的パーソナリティ理論はもちろんのこと，デザインされた因子構造からなるパーソナリティ理論に対しても有効である可能性を示したものであると考えられる。

5.5　パーソナリティと遺伝子

　パーソナリティと特定の遺伝子との関係についての分子遺伝学研究は，前節で取り上げたクロニンジャーによって開かれた。彼の7次元モデルにおける各気質特性には，遺伝的基盤を持つモノアミン神経伝達物質システムが存在すると仮定されている。損害回避にはセロトニン，新奇性追求にはドーパミン，報酬依存にはノルエピネフリンが各々仮説はされているが，固執にはまだ仮説はない（Cloninger, 1994）。

　クロニンジャーら（Cloninger et al., 1996）は，新奇性追求とドーパミン・レセプターであるDRD4遺伝子との関連を示している。長いDRD4アレル

(allele) を持っている人はドーパミンが欠乏しやすく，したがって新奇性を追求してドーパミン放出量を増やそうとする，という仮説を立て，実際にアレルの長い型を持つ人は，短い人よりも新奇性得点が高いという結果から，仮説が支持されるとした。しかし，DRD4 アレルの長短は新奇性追求の5%ほどを説明するものにすぎず，DRD2 アレルによる研究（Berman et al., 2002）も含め，DRD2 や DRD4 と新奇性追求との関係に関する研究結果は一貫していない。

　また，神経症傾向とセロトニン・トランスポーター遺伝子である 5-HTTP 遺伝子との関係についての研究がある。セロトニンは気分や睡眠の安定などと関わる神経伝達物質であり，5-HTTP 遺伝子は，セロトニン・トランスポーターである mRNA やタンパク質を作り出すことに関係している。そして，そのアレルの長い型のほうが短い型より mRNA やタンパク質を多く作るとされる。したがって，長い型を持った人は精神が安定していて情動のコントロールが容易であり，一方，短い型の人は精神が不安定で，情動不安定になりやすい。以上のことから，レッシュら（Lesch et al., 1996）は，アレルの短い人は，ビッグ・ファイブを測定する NEO-PI-R の神経症傾向の得点が高く，同調性得点が低いという結果を示している。

　しかし，この結果も DRD4 の結果と同様，安定したものではない（McAdams, 2009）。クロニンジャーの損害回避の得点と 5-HTTP 遺伝子との関係は見出されないが，不安や恐怖という神経質な行動との相関がみられ，扁桃体の活動とも関係するというハリリら（Hariri et al., 2002）の結果もあわせて考えれば，パーソナリティに関する特定の遺伝子を同定しようとすることはまだ性急であり，遺伝と環境との相互作用の可能性や，遺伝の働きを検討するのにより適切な質問紙の開発など，今後の研究の発展を待つ必要があろう。

5.6　遺伝と環境の相互作用

　前節で取り上げたパーソナリティと特定の遺伝子との関係についての研究は，シンプルにみれば，パーソナリティが遺伝子やその遺伝子と関係した脳の生理的過程によって決定されるという考えを導くかもしれない。しかし，現在のと

ころ，事態はそうシンプルには進まず，特に認知やパーソナリティなどの複雑なシステムと遺伝子との関係についての探求は，まだ始まったばかりであるということができる。この現在進行中の遺伝子と複雑系であるパーソナリティとの関係の研究を，本節では，遺伝と環境の相互作用という視点から取り上げる。

　そもそも，環境は所与のものとして最初から存在するわけではなく，遺伝型（genotype）によって作り出されると考えることもできる。スカルとマカートニィ（Scarr & McCartney, 1983）は，5.1 節で取り上げた，トーマスら（Thomas et al., 1970）の赤ちゃんの気質による 3 分類の中の「扱いやすい子ども（easy babies）」と「扱いにくい子ども（difficult babies）」は，各々異なった養育パターンの社会環境を生じさせ，結果として，その遺伝型によって喚起された環境がパーソナリティを発達させることになるとしている。彼らは，このような遺伝の環境への影響を，**喚起的影響**（evocative influence）と名づけている。

　もう少し複雑な遺伝と環境の相互作用もある。育ての親たちによって与えられる環境の効果，たとえば，両親が読書家であり，その子どもも，また書物への関心が高いという場合である。この場合，両親の遺伝型により作られた書物の溢れた家庭という環境があり，その両親の遺伝型を共有している子どもがその環境と交わることにより，読書好きというパーソナリティが形成されたと考えることができる。このような親と子どもの遺伝的共有性による遺伝の環境への影響を，スカルとマカートニィは**受動的影響**（passive influence）と名づけている。

　また，遺伝の環境に与える影響には，上に取り上げた間接的なものとは異なった**直接的な影響**（active influence）もある。子ども自身が自分に見合った環境を選び求める場合である。運動好きの子どもが運動クラブに入り，水を得た魚のように活躍するという例は，遺伝型が自分に合った環境を選び取る力となることを示している。

　スカルとマカートニィはこれらの 3 つの遺伝と環境の相互作用を説明した上で，喚起的，受動的影響は子ども期と前期青年期にみられ，直接的影響は成人期前期から成人期にかけて強まるとしている。

　前節で取り上げた特定の遺伝子とその表現であるパーソナリティや行動との関係に対する環境の影響については，カスピら（Caspi et al., 2002, 2003）の研究が興味深い結果を示している。

　抑うつと関係する短い型を持った5-HTTP遺伝子も高ストレス経験も，単独では抑うつへのリスクがなかった。しかし，短い型を持った5-HTTP遺伝子の人が高ストレスを経験したときに抑うつに対するリスクが高くなった（Caspi et al., 2003）。この結果は，抑うつが遺伝子と環境の相互作用で生じるという解釈を支持するものであり，その機制として，短い型を持った5-HTTP遺伝子の扁桃体の活性化への関係が指摘されている（Canli, 2004）。

　カスピら（Caspi et al., 2002）は，遺伝子と環境の相互作用を，攻撃行動と関連するモノアミン酸化酵素A遺伝子（MAOA遺伝子）と反社会的行動の関係における環境（子どものときに受けた虐待経験）の影響によって検討した。その結果，MAOA遺伝子の活性度が高い人は，虐待の程度による反社会的行動の変化は小さく，MAOA遺伝子の活性度が低い人は，虐待の程度による反社会的行動の変化が大きかった（図5.4）。なお，虐待を受けることにはMAOA遺伝子は影響しなかった。この結果は，MAOA遺伝子が虐待の反社会的行動に対する影響を調整する可能性を示唆している。

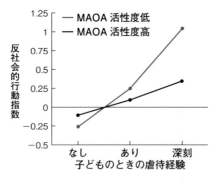

図5.4　**MAOA遺伝子と虐待経験の反社会的行動に与える影響**
（Caspi et al., 2002より作成）

5.7　ま と め

　本章では，パーソナリティに対する遺伝，遺伝子の影響を考察した。行動遺伝学の知見から，パーソナリティを決定するものは，「遺伝も環境も」であるが，最近のエピジェネティクスからの研究成果は，遺伝子を，先天的な情報と後天的に変わることのできる制御情報という2つの情報からとらえている。このような生命科学の発展は，今後「遺伝も環境も」という2つの分類間の障壁をなくしてしまうかもしれない。しかし，現在のところ，パーソナリティという複雑な表現型の理解は，遺伝と環境の相互作用の中で理解していくことが妥当であると考えられる。エピジェネティクスの展開は，iPS 細胞や ES 細胞など，万能細胞からの医学的治療や創薬研究などの発展とも結びついたスリリングなものであるが，認知やパーソナリティという複雑なシステムにおける遺伝子からの研究は，まだ始まったばかりといえよう。

参 考 図 書

土屋　廣幸（2015）．性格はどのようにして決まるのか——遺伝子，環境，エピジェネティックス——　新曜社

　著者が小児科医として多くの子どもに接してきた経験から，パーソナリティの発達について遺伝子学の観点から豊富な知見を紹介している。

パーソナリティへの
進化心理学的アプローチ

6

パーソナリティがその人らしさ全体であるとすれば，それを「良い・悪い」という基準で判断することはできない。しかし，ある行動傾向が特定の状況や目的に対して「適している」または「有利である」と考えられる場合はある。進化心理学は比較的新しい学問領域で，人がなぜそのように行動するのかという疑問に対して，「その行動は人間が進化の歴史の中で直面してきた生存と生殖という課題にとって有利かどうか」という観点から答えようとする。この章では，ヒトという生物に共通する行動について考えることから始めて，パーソナリティ心理学で問題にされるような行動傾向の個人差が，進化という観点からどのような意味を持つのかについて考察する。

6.1　進化心理学の問い──人はなぜそのように行動するのか

進化心理学（evolutionary psychology）では，ダーウィン（Darwin, C. R.）が提唱した進化論とその後に発展した理論的枠組み（ネオダーウィニズム）に基づいて人の行動を説明しようとするため，まず進化論の基本的な概念を理解しておく必要がある。

地球上の生物は数百万種とも数千万種ともいわれるが，これらは進化的には共通の祖先を持つとされている。種は主に身体構造などの形態の違いから分類されるが，同じ種に属する個体の中でも身体的な特徴や行動傾向にはある程度の違いがある。人間はヒト科のヒト属（ホモ）のヒト種（サピエンス）に属する動物であり，人々の身体構造や行動傾向には同じ種としての共通性と，ある程度の違いが認められる。

同じ種の個体の間でみられる多様性は，遺伝子の突然変異によって新しい特

徴が生じることから広がると考えられている。突然変異によって生じた新しい
特徴のうち，その生物が生きている環境に対して不利であるものは自然に排除
されることになる。なぜなら，そのような特徴を持った個体はその環境の中で
生き残っていく上で不利であり，結果として子孫を残すことが困難になるため
である。反対に，生存や生殖のための資源獲得に有利に働くような特徴を持っ
た個体は子孫を多く残せることになる。このような特徴は親から子へ，さらに
その子へというように受け継がれて，その特徴を持つ個体が種の中で増えてい
くことになる。このプロセスを**自然淘汰**または**自然選択**（natural selection）
という。

　このように，生存や生殖の能力が高い個体を**適応度**が高いと表現する。適応
度には 2 種類あり，**個体適応度**は，ある個体が一生の間に，生殖可能な年齢ま
で生き延びられる子どもをどのくらい生めるかという概念である。これを親族
まで広げたのが**包括適応度**の概念で，自分自身の子でなくても親族が子を残せ
ば，結果として自分と遺伝子を部分的に共有する子が増えていくことになる。

　性淘汰（**性選択**（sexual selection）ともいう）は，特に生殖のための配偶者
選択に関わる進化のメカニズムである。この例としてよく取り上げられるオス
のクジャクが持つ美しい尾羽は，生存にはあまり役に立たないばかりか，時に
は邪魔になることすらある。しかし，メスのクジャクが美しい尾羽を持つオス
に惹きつけられるため，結果としてそのようなオスが生殖に成功し，その特徴
は子に受け継がれていくことになる。

　このように，人や動物が「なぜ（why）」そのような形質を獲得したり行動
したりするようになったのかを，生存や生殖という観点から理解しようとする
のが進化心理学のアプローチである。カートライト（Cartwright, 2005）は，
このような理解の仕方を「究極的な説明」とよび，個々の行動が「どのように
（how）」起こるのかについて至近的な要因を理解しようとする伝統的な心理学
のアプローチとは区別した。カートライトによれば，人がリンゴを食べて甘く
感じる経験を「果糖が舌の味蕾の受容細胞を刺激することによって起こる」と
生理学的なメカニズムによって説明するのが至近的な理解である。一方，同じ
経験に対して「リンゴを食べて糖分やビタミンなどの栄養を効率よく摂取でき

た個体が生存や生殖において有利になったために，進化の過程でリンゴを食べる行動が獲得されてきた」というように，「なぜ人はリンゴを食べるのか」という問いに答えようとするのが究極的な説明である。つまり進化心理学的アプローチでは，現在の人間に広くみられる行動やそれをもたらすメカニズムには，進化の歴史の中で生存や生殖にとって役に立つ性質があったのではないかと推測し，その要因を考察するのである。

6.2　ヒトの心の進化

　進化心理学では，人間の心のさまざまなメカニズムの大部分は**進化的適応環境**（Environment of Evolutionary Adaptedness; EEA）とよばれる更新世の時代に獲得されたと考えている。更新世は 200〜300 万年前から 1 万年前頃までの時代で，原人をはじめとするヒト属が大きく進化した。この時代には食糧を得る手段の中心は狩猟や採集であり，ヒトは血縁者（親族）を中心とした小集団で移動生活を送っていたと考えられている。したがってこの時代に適応するためには，食べられるものとそうでないものを見分けたり，脅威になるような危険な動物や場所から素早く逃げたりするために，正確で素早い識別や判断が必要になる。人間同士の間でも，相手が生殖のパートナーとして適しているかどうか，あるいは自分にとって脅威にならないかなどを正確に判断できることが必要になる。また，同じ集団に属する血縁者は自分と同じ遺伝子を部分的に共有しており，その人を助けることは結果として自分の遺伝子を持った子が増えることにつながるため（包括適応度が高くなる），身近な人間同士の間には協力し合う関係が生まれる。

　進化心理学では，生存や生殖に関わるさまざまな適応課題を解決するために**心的モジュール**というメカニズムが形成されると考えられている。たとえば，人間には人の顔のように見える刺激に選択的に注意を向ける傾向があることが知られているが，生後間もない赤ちゃんでも，他の刺激に比べて人の顔に似た対象に長く視線を向ける傾向がみられる。また，目が顔の低い位置にあり，おでこが大きく，口や鼻の小さい赤ちゃんの顔は大人の目から見ると「可愛い」

と感じられ，思わず微笑んだり声をかけたりする行動が生じやすくなる（動物行動学者のローレンツ（Lorenz, K. Z.）はこのような赤ちゃんの顔の特徴や，丸っこい体つき，ぎこちない動き方などをベビーシェマとよんだ）。赤ちゃんが人の顔に注意を向け，それを見返した大人が赤ちゃんを可愛く感じるという一連の相互作用は，幼い子どもが生き残るのに必要な養育行動を引き起こすために進化した心的モジュールであると考えることができるだろう。

　配偶者を選ぶ際の好みにも，進化心理学的な説明がうまくあてはまることが報告されている。バスら（Buss et al., 1990）は，北米，南米，ヨーロッパ，アジア，アフリカなど37に及ぶ国や地域で，合計9,474人を対象として配偶者の好みに関する男女の意見を調べ，配偶者に対する好みには文化を越えた共通の傾向があることを見出した（表6.1）。人は配偶者に対して，お互いに愛情を持てることをもっとも重要と考えており，次に，信頼できること，情緒的に安定していること，親切で理解があること，知的であることなどを好ましいと

表6.1　**男性と女性が配偶者に求める特徴の順位**（Buss et al., 1990より作成）

男性が求める特徴	順位	女性が求める特徴
親切で理解がある	1	親切で理解がある
知性	2	知性
活気がある	3	活気がある
健康	4	健康
身体的魅力	5	穏やかな
穏やかな	6	創造的・芸術的
創造的・芸術的	7	身体的魅力
家事がうまい	8	子どもを望む
子どもを望む	9	経済力
良い遺伝的条件	10	大学卒業
大学卒業	11	家事がうまい
経済力	12	良い遺伝的条件
信仰を持つ	13	信仰を持つ

判断する傾向にあった。

　しかし，この研究で興味深いのは，男性は女性よりも相手の身体的特徴を重
視し，女性は男性より相手の経済力を重視するという性差がみられたことであ
る。人間の男性が自分の遺伝子を持つ子どもをできるだけ多く残すためには，
若くて多くの子どもを産めそうな身体的特徴を持った女性を好むだろう。また，
人間は成熟するまでに長い時間がかかる動物であるため，女性は自分が産んだ
子どもを確実に育て上げることができるような資源を持った男性に惹かれるだ
ろう。このように，配偶者に対する男女の好みの違いは人間が子孫を残すとい
う適応課題に対応するため進化的に獲得されたものだと考えると，この結果は
うまく説明できる。

　また，人間が経験するさまざまな感情も心的モジュールの一種だと考えられ
る。まず，感情は状況に応じて行動を決定するための判断システムとして働く。
たとえば不安や恐怖等の感情は，ある状況で危険があることを認識し，適切な
行動を導くための心的モジュールだといえるだろう。危険な対象があるときは
下手に動かずに状況をよく観察することが生存につながることがある。これは
凍結（フリーズ）とよばれる反応である。そして，脅威から遠ざかったり（逃
走），脅威に立ち向かったり（闘争）することも，防衛反応としては有効であ
り，不安や恐怖はこうした反応を引き起こす仕組みの一部だと考えられる。精
神病理の一種である恐怖症は，ある特定の対象に対して日常生活の支障になる
ほど強い恐怖が起こる症状で，その対象になることが多いのはクモやヘビなど
の動物や高い場所などである。現在，人々が生きている環境にはもっと危険な
対象があるにもかかわらず，これらの対象が恐怖症と結びつきやすいのは，こ
うした対象が進化的適応環境において人間の生活を脅かすものであったためだ
と考えられる。また，恐怖症の場合のように，感情が行動に及ぼす影響は，し
ばしば自分自身にもコントロールできないくらい強く，他の行動を抑えて優先
的に作用することがあるため，感情は他の心的モジュールよりも上位にあるも
のだと考える研究者もいる。

　さらに，ある人が経験している感情が周囲の人に伝わることで互いの生存や
生殖に有利に働く，サインとしての機能もあるだろう。たとえば，うれしい，

楽しいというような感情は周囲の人にも同様のポジティブな感情を喚起し，その人に近づきたくなったり一緒に行動したくなったりする。反対に怒りの感情は周囲の人を警戒させ，距離を置かせることで互いに身の危険を回避できる。そして，悲しみの感情は，周囲の人から慰めやその他の援助が与えられやすくすることで，その人の適応度を高めると考えられる。

6.3　パーソナリティの個人差に対する進化心理学的な説明

　このように進化心理学では，人間の行動と心の仕組みは，人間が生きてきた環境に対する適応を高める方向に進化してきたと考え，人間という種に共通してみられるような行動に対する普遍的な説明を提供してくれる。一方，これまでの章で紹介したように，人の行動傾向にはある程度の多様性が認められる。このような個人差は，進化心理学的にはどのように説明できるだろうか。

　ここでもっとも重要なのは**変動淘汰**（揺動淘汰）の考え方である。これは，ローカルな（局地的な）環境によってある特徴の適応度が変わるという淘汰の仕組みである。たとえばある種の小魚では，水中で動くものを見つけたときや繁殖期に異性にアプローチする際に，素早く行動する個体と比較的遅い個体がある。この小魚が棲んでいる川の上流は山中にあり，川幅は狭く餌も豊富ではない。このような環境では素早く行動する個体が餌や異性を獲得するには有利であり，世代を繰り返す間に上流では素早く行動する個体の割合が高くなっていく。一方，同じ川の下流では大きい集団が生きていけるほど餌は豊富にあり，動きが遅い個体にとっても繁殖の機会は多い。また，川幅が広いため大型の魚も多く棲んでおり，動き回る個体は他の魚に捕食されてしまう確率が高くなる。結果として，下流で生活する集団では比較的慎重に動く個体が多くなっていく。環境の中のこうしたローカルな違いによって同じ種の生物における行動の多様性が生じ，維持されると考えられる（Nettle, 2006 武内訳 2009）。

　カンペリオ・キアーニら（Camperio Ciani et al., 2007）は，イタリア本土に暮らす人々と，地中海の島々で暮らす人々のパーソナリティを比較した。さらに彼らは，同じ島の人々でも，祖父母の代から島に住み続けているグループと

比較的最近移住したグループに分けた比較も行っている。調査の結果，島で暮らす人々は本土の人と比べるとより内向的で，開放性が低く，情緒的に安定しており勤勉性が高いことがわかった。同じ言語や文化・社会的背景を持っていても，島の環境には本土から隔てられた厳しい自然や狭い社会生活といったローカルな特徴があり，島の人々のパーソナリティ傾向はそうした島の環境で暮らす上で適していると考えられる。しかし，同じ島に暮らしていても，最近移住してきた人々（つまり，自ら新しい環境を求めて行動し，そこで生きるための資源を獲得できる人々）はより外向的で開放性も高かった。

　この結果は先の小魚の例と同じく，ある生物が生きているローカルな環境に違いがある場合，それぞれの環境で適応するのに有利な特性が遺伝しやすいことを意味する。さらに環境への適応という営みには，置かれた環境にうまく合うかどうかという受動的な面だけでなく，生物が自分に適した環境を能動的に選ぶという側面が含まれることも示している。特に人間は自然的にも，また文化・社会的にもかなり多様な環境で生活しており，それだけパーソナリティの多様性も出現しやすくなると考えられる。次節ではビッグ・ファイブを例にとって，それぞれのパーソナリティ特性がどのような環境で有利に働くのかを考えてみることにしよう。

6.4　進化心理学からみたビッグ・ファイブ

　ネトル（Nettle, 2009, 2011）は，ビッグ・ファイブの5特性が環境への適応という点からみてどのような意味を持つのかを表6.2のようにまとめている。あるパーソナリティ特性は，その人が置かれた環境やその他の特徴との組合せによって，メリットにもデメリットにもなりうるもので，こうした変動によってそれぞれの特性における個人差が維持されると考えられる。バス（Buss, 2010）も同様に，パーソナリティ特性は適応課題を作り出すものであると同時に解決するものでもあると述べ，人が自分自身や他者のパーソナリティの特徴にうまく気づけることが適応に役立つと考えている。

表 6.2　**進化心理学的にみたビッグ・ファイブの利益とコスト**
（Nettle, 2009, 2011 を基に作成）

特性とその要素	特性が高いことによる利益	特性が高いことによるコスト
外向性 • 野心 • 競争心 • 自己主張 • 社会性 • 探求心 • 性的動機づけ	• 集団内で高い地位を得やすい • 性的パートナーを獲得しやすい • 社会的な資源を獲得しやすい □変動する社会的状況，新しい環境では有利	• 事故，病気，社会的葛藤のリスクが高くなる ■安定した社会的状況では不利
神経症傾向 • 身体的・社会的脅威に対する敏感さ（警戒心） • 病気への脆弱性 • 怒り・敵意	• 脅威や危険に対して敏感で，素早く対処できる □実際に脅威がある状況では有利	• ストレスに関連する病気にかかりやすい • ストレスによる人間関係への影響を受けやすい ■実際に脅威がない状況では不利
勤勉性 • 勤勉 • 秩序	• 課題に対して計画的に準備できる □計画を立てて取り組む仕事，責任のある立場では有利	• 変化する環境に柔軟に適応することが困難である（固い） ■臨機応変な対応が求められる仕事・立場では不利
協調性 • 協力 • "心の理論" の処理 • 規範に従う	• 他人と協力して課題に取り組める • 調和のとれた同盟関係を築ける □互いに協調的な集団では有利	• 個人の利益を大きくすることに失敗する • だまされやすい ■"ずるい人" が集団内にいる場合は不利
開放性 • 知性 • 想像性	• 芸術的な創造性を発揮できる • 社会的な評価や魅力を得やすい □芸術，ユニークさなどを重んじる社会では有利	• まとまりのない思考，さらに精神病的な思考につながる可能性がある ■現実的な価値を重視するような社会では不利

6.4.1 外向性

　ネトルによれば，外向性の中心的なメカニズムは，報酬刺激に伴うポジティブな情動の反応性であり，これを支えるのは大脳内のドーパミン系の神経システムである。つまり，外向性が高い人は興奮，賛美，達成感といったポジティブな情動を得るための行動をとりやすく，その特徴は，活動的，自己主張が強く競争的，刺激を求めるなどである。

　これらの特徴は一般には配偶者や社会的地位の獲得にとって有利である（すなわち適応度を高める）が，同時に事故や病気，対人的な葛藤などのリスクを招くこともある。身体的に強靭で免疫系の働きが強く，魅力的な人であれば，これらのリスクに耐えることができるため，外向性が高いことは非常に有利に働くだろう。また，変動する社会的状況やそれまでとは違う新しい環境で生活する際には，他人に対して支配的にふるまったり，複数の配偶者を得ようとしたりすることの見返りは大きいため，外向的であることはやはり有利だろう。しかし，社会構造がすでに安定している場合には，もっと慎重に行動するほうが適している。実際に，遊牧生活を送っている集団や長い移民の歴史を持つ人々では，外向性と関連のあるタイプの遺伝子を持つ人が多いという結果が得られている。このことは，移動生活や流動的な社会という環境では，外向性を高める方向に淘汰が働くことを意味する。

6.4.2 神経症傾向

　神経症傾向の中心的な特徴はネガティブ情動の反応性の高さであり，これは脅威刺激への反応をつかさどる大脳の神経システムと関連すると考えられている。神経症傾向の高い人は，さまざまな出来事に含まれる脅威のサインに敏感で，それらに対して恐怖，不安，恥，罪悪感，嫌悪感，怒り，敵意，悲哀などのネガティブな情動を強く感じやすい。

　怒りや敵意などの感情は人間関係に困難をもたらすだろうし，またストレスに対する脆弱さによって身体的・精神的疾患にかかりやすくなることを考えると，全体には神経症傾向は低いほうが適応的であると考えられる。しかし，ネガティブな感情には脅威を回避するための信号になるという働きがあるため，

神経症傾向が低すぎると脅威に気づきにくくなってしまい，適応にとっては不利になる。不安や恐怖があるからこそ，周囲によく気を配り，結果に思いをめぐらせて，必要に応じてプランを修正したりすることができるともいえる。つまり，実際に環境内に脅威が多くあるときには神経症傾向が高いほうが適応的だと考えられる。

6.4.3 勤勉誠実性

　勤勉誠実性の中心的な特徴は，反応を抑制するメカニズムにあると考えられる。勤勉誠実性の高い人は，きちょうめんで秩序を好み，衝動的な行動をうまく抑制することができる。また仕事や勉強に対して責任感を持ち，計画的に努力するといった行動傾向を示す。こうした特徴を持つ人は，現代社会では仕事や勉強において高い成績を収められることが多い。私たちの祖先が体験したような環境でも，作物を育てるために最適な計画を立て，その計画に沿って作業をきちんと繰り返すことができれば，より大きな収穫を得ることにつながっただろう。

　一方，進化の過程で人間が出会ってきたであろう突然の脅威や，狩猟のように運に左右されるような仕事に対しては計画を立てることはできないため，じっくり考えることなくとっさに反応できる能力のほうが有効であっただろう。勤勉誠実性の得点が高い人は融通がきかず，また強迫性パーソナリティ障害の特徴にも結びつきやすいこともわかっており，こうした突発的な状況や臨機応変な判断が求められる仕事に対応するのはあまりうまくないかもしれない。

6.4.4 協 調 性

　協調性は，人と協力して物事を行う，規範に従うといった行動傾向を含み，人の気持ちや考えを理解できる能力（**心の理論**[1]）と関連がある。包括適応度を高めると考えられる近親者への利他的行動だけでなく，まったく知らない他人に対しても利益を分け合うような行動をとるのは人間のみにみられる特徴であ

---

[1] 他者の心の状態（目的，意図，信念など）を推測する心の機能のこと。

り，人間社会では実際に他の人間とうまく合わせて行動できることは多くの点で有利である。しかし，他人と協力しないで自分だけの利益を追求するほうが，結果として利益が大きくなるような状況もある。特に多くの人々が協調的に行動しているような集団の中に，ごく少数の操作的な人がいるときには，多数の人々から利益を搾取するようなずるさが有利に働くことがある。

　なお，協調性は全体としては男性より女性のほうが高い傾向にある。これは女性にとっては，個人的に高い地位にあることよりも，互いに協調的で社会的なサポートを得られるような集団に属するほうが適応にとって有利だったためであろう。現在でも子育て中の女性にとっては，同じような状況にある女性同士で協力的な集団を作ることは非常に有利だと考えられる。

6.4.5　開 放 性

　開放性の定義には研究者によってやや異なる内容が含まれるが，ネトル（Nettle, 2009）によると，読書，演劇，音楽などさまざまな芸術活動を好む傾向と，複雑な認知的刺激を求める知的傾向とを含む。この2つに共通するのは，もともと異なる意味を持つものの間に関連を見出す連想の働きが幅広いという特徴である。たとえば，詩や絵画にみられる隠喩的な表現もこの働きによるものである。また，開放性と関連がある拡散的思考は，ある対象が持つ本来の用途以外に，どれだけたくさんの使い方を思いつくかといった課題でとらえられる。たとえば，「新聞」という対象に対する連想の幅が広いほど，通常はしないような使い方を多く考えつくだろう。

　芸術的な創造性を発揮することで注意や名声を獲得しやすくなれば，社会的地位や配偶者を獲得する上では有利に働くだろう。しかし時には，その豊かな連想をうまくまとめることができず，妄想や幻覚につながることがあるかもしれない。実際に，詩人や芸術家ではこうした異常体験の頻度が統合失調症患者と同じくらい高いことがわかっている。

　したがって，他のパーソナリティ特性の場合と同様に，どの程度の開放性が最適かは環境によって異なるだろう。たとえば，これらの風変わりな経験やユニークな創造性を重んじるような文化のもとでは開放性の高さは魅力につなが

BOX 6.1　動物のパーソナリティ研究

　動物にもパーソナリティといえるものはあるのだろうか？　他の動物の行動と比較することで人間の行動について考察しようとする比較心理学という領域では，人間と同様に動物にも行動傾向の個体差があるという主張は古くからあった。古典的条件づけの研究で知られているパヴロフ（Pavlov, I. P.）は，自身が実験で用いたイヌの行動観察から，4つの気質タイプを提唱した。これらのタイプは3つの脳神経システムの特徴から決定され，条件づけ学習における個体差に関係すると考えられている（表6.3）。

　パヴロフが考えたイヌの気質タイプは，古代ギリシャ時代にガレノスが提唱した人間の4気質と対応しており，後のアイゼンクの気質説にも影響を与えたといわれている。

　近年の研究にも，動物の行動観察からパーソナリティ評定を行っているものがある。キングとフィゲレド（King & Figueredo, 1997）の研究では，人間のパーソナリティを表現するための形容詞リストを用いて，53人の評定者が100頭のチンパンジーの印象を評定した。そして人間のパーソナリティ次元を確認するのと同じ因子分析の手法を用いて，ビッグ・ファイブ（外向性，勤勉性，協調性，情動性，開放性）に支配性を加えた6つの次元が見出された。またキャピタノとワイダマン

表 6.3　**パヴロフによるイヌの気質タイプ**（Locurto, 2007 から作成）

		神経システム		
		興奮 刺激を持続させる力	均衡 興奮と抑制のバランス	易動性 興奮と抑制の切り替え
タイプ	興奮がち	強い	興奮＞抑制	遅い
	生き生きした	強い	興奮＝抑制	速い
	静かな	強い	興奮＝抑制	中程度
	抑制的な	弱い	興奮＜抑制	遅い

（Capitano & Widaman, 2005）の研究では，58頭のマカクザルの行動を2人が観察し，50項目のパーソナリティ質問紙を用いて評定したところ，社交性，自信，平静，短気という4因子を見出した。

　ウーヘルとアセンドルフ（Uher & Asendorpf, 2007）は，動物のパーソナリティ次元について一貫した知見が得られないのは用いた形容詞リストが十分ではないためだと考え，まず大型類人猿に特有の行動とそれに関連する状況のレパートリーを蓄積することから始めた。そして，そのレパートリーを基にして形容詞リスト，動詞リスト，行動課題を構成した。たとえば，形容詞では好奇心があるかどうかの全体的な印象を，そして動詞では見慣れない物に手を伸ばして触ろうとする頻度を評定する。これに対応する行動課題では，ケージに新しい物を入れたときにそれを探索する時間の長さや，新しい食べ物を無視するかどうかといった行動が指標となる。実際にこれらの方法を用いてチンパンジー，ボノボ，ゴリラ，オランウータン20頭について，実際に飼育にあたっている10人が評定を行ったところ，3種類の方法がいずれも信頼性の高いパーソナリティ特性の指標となりうることが示された。動詞は形容詞に比べて直接観察できる行動に基づいて評定できるため，推測する必要性が低く，実際に行動課題の結果との関連も強かったが，形容詞評定には将来の行動を予測できるという点で妥当性があるとウーヘルらは考えた。

　なお，こうした研究では，過剰な擬人化や観察者が暗黙に持っている動物観やパーソナリティ観が評定に及ぼす影響を避けるために，評定に用いる単語の意味を明確に示したり，対象動物のことをよく知っている人物に評定させたりするなどの配慮が必要である。こうした配慮を持って行われる動物のパーソナリティ研究は，盲導犬やセラピーアニマルなど人間の生活の中で働く動物の選抜や訓練において，求められる仕事に適した個体を選んだり，適切な訓練を与える際に参考にできる点で有益であろう。

り，適応の可能性が高くなると考えられる。

6.5　ま と め

「なぜ」人間がそのように行動するのかという問いに対して，直感的に納得できるような答えが得られるのは進化心理学の大きな利点であろう。また，「なぜパーソナリティには個人差があるのか」という疑問に対する進化心理学的な説明は「環境が違えば最適なパーソナリティも違うからだ」というものであり，「パーソナリティ特性が価値的には中立で，常に良いパーソナリティとか悪いパーソナリティがあるわけではない」という特性論者の主張とも整合する。

ただし，このような説明には限界もある。第 5 章で紹介したように，進化の基礎にある遺伝はパーソナリティの個人差に対しておよそ 50％の説明力しか持っていない。また，その 50％についても，何世代にもわたって環境と遺伝の相互作用を確かめるためには相当な労力を必要とするだろう。一生のサイクルが短く，生存環境をコントロールしやすい動物を対象とすれば，こうした研究はいくぶん容易である。しかし人間の場合は，環境の変化が後の世代にどのような影響をもたらすのかシミュレーションなどで予測したとしても，それを人為的に確かめるような研究は倫理的にもコストの面からも実行が困難である。では，進化心理学的なパーソナリティ理解は常に後づけの説明になってしまうのだろうか。そもそもパーソナリティやその個人差を理解する上で，生存や生殖に有利かどうかという観点だけで十分なのだろうか。

個人的なレベルでは，進化心理学的な観点から自分のパーソナリティを理解することは，個人が自分に適した環境を選び，自分の持ち味を生かすことにつながるとネトルは述べている。もし今の環境で自分が十分に力を発揮できないとしても，自分のパーソナリティを変えなければならないと思うのではなく，そのコストを理解した上で環境や行動を賢く選択すればよいというのが彼の主張である。

参 考 図 書

山極 寿一（2015）．父という余分なもの──サルに探る文明の起源── 新潮社

　類人猿は進化的にみても人間に近い種であり，またそれぞれに独特の社会構造を持っている。これらの動物が生きている環境と，彼らの行動にどのような個体差がみられるのかを検討することで，人間の行動を理解する上でも重要なヒントが得られるだろう。

パーソナリティへの
生涯発達的アプローチ
7

　一生という時間の中でのパーソナリティの変化に対する探求が，パーソナリティの生涯発達というテーマである。この生涯発達のプロセスには，現在，ライフサイクル（life cycle）という言葉が使われることが一般的である。個人の寿命や一生の歩みを示すライフスパンやライフコースという言葉とは異なり，ライフサイクルは，生を受けて死に至るまでのプロセスであると同時に，次世代の誕生と次世代への文化伝達という意味での生物学的，文化的な生命の循環を含んだ概念である。

　本章では，生涯発達の代表的理論である，ユング，エリクソン，レヴィンソンによる諸理論をライフサイクルの視点から取り上げ，一生を通して変化生成されるパーソナリティについて考察する。

7.1　ユングのライフサイクル論

　発達のプロセスを考えるとき，人の上昇的側面に注目し，乳児期から青年期にあたる過程を重視した発達論に，フロイト（Freud, S.）の心理—性的発達モデルやピアジェ（Piaget, J.）の認知発達論がある。青年期を発達の頂点とするこれらの考え方に対して，ユング（Jung, C. G.）は，レヴィンソン（Levinson, 1978）が「中年からの発達の近代的研究の父」（p.4）と述べているように，中年期から始まる人生の後半の意義を重視したライフサイクル論を述べている（Jung, 1933, 1946）。彼は，人の一生を一日の太陽の運行になぞらえて論じ，中年期を頂点とした図（図7.1）により，40歳前後の中年期が人生の最大の危機的時期であり，重要な転換点であることを示している。

　人生の前半（午前）の発達は，学校や社会など外的世界に適応させていくこ

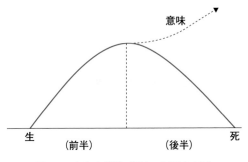

図7.1　**人生の軌跡**（河合，1994より）

とであり，人生後半（午後）の発達は，自己（self; das Selbst）という内的世界をみつめ，自分本来の姿を実現していく「個性化の過程（process of individuation）」，または「自己実現の過程」である。午前から午後への転換点である中間点（正午）は人生の変曲点であり，心の発達にとって重要な岐路であるとユングは考えた。

　ところで，ユングのいう自己は，私たちの内的世界の無意識界に属しており，自我のように内省可能な私たちの意識によってコントロールできる領域ではない。したがって，人生後半の発達の課題である「人生の意味の探求」に，この無意識界への接近が必要であるとするならば，それは決して容易な道ではない。無意識界への接近は，現実世界から身を引き，自らの無意識の中へいったん沈潜して，さまざまな葛藤や欲動を体験すること（福井，1999）を意味している。ユングのいう個性化，自己実現である「自分の掘り下げ」というこの内的作業は，意識を超えた深い領域の作業であり，人生前半の自分の生き方を深く見つめることであり，そこからの再出発，離脱，超越をも意味している。

　パーソナリティが，ユングのいうような深さ，全体性を持っているとするならば，その表現も独自の形をとることになる。無意識界という他界にある自己（河合，1977）を，ユングは，夢やヴィジョンに現れるシンボルとして説明している。老賢者や幼児であるが老人の叡智を持った始原児，石などの自然物がそのシンボルとしては有名なものである。そして，自己の全体性，相補性を表

現する空間的なシンボル表現が，ユング自身も描いた「マンダラ」と通称される図形である。

7.2 エリクソンのアイデンティティ論

　現在のライフサイクル研究にもっとも貢献しているのがエリクソンのアイデンティティ理論であり，その理論的基礎となるのが「人生の 8 段階（eight stages of life)」と題された発達論である。8 つの段階に分けられた発達過程は，エピジェネティック図表（epigenetic schema；図 7.2）に示されている。

　エリクソン（Erikson, E. H.）による人生の 8 段階の図表には，一生の発達にとって重要な課題（ライフタスク（life task))に際して生じる葛藤が正負の双極的概念で示されるとともに，この**心理社会的危機**（psychosocial crises）が解決することにより獲得される自我の基本的な強さ，活力が徳（virtue；図表では太字で示されている）として示されている。このエリクソンの 8 段階，特にその前半にはフロイトの心理―性的発達モデルの影響がみられるが，社会的，対人的関係性をその発達過程に含むことによって，エリクソンの発達論は，人生の前半を中心としたフロイトの発達論から人生の全段階にわたる発達論へと拡延されたものとなっている。

7.2.1　乳児期――「基本的信頼（basic trust)」対「基本的不信（basic mistrust)」

　人生の最初の 1 年，乳児は母親からの授乳により食と快の両者を与えられる。フロイトのいう口唇期（oral stage）にあたる乳児期では，乳児はその欲求の充足を養育者にまったく依存している。エリクソンは，この授乳という行為が養育者と乳児の間のつながりを生み出し，その対人的関係性により，「この世は，安全（safe）であり，願いがかなう（predictable）世界であり，信頼するに足る（trustworthy)」という気分や理解である，基本的信頼感や安心感を乳児に与えるとしている。

							統合 対 絶望，嫌悪 **叡智**
老年期 Ⅷ							統合 対 絶望，嫌悪 **叡智**
成人期 Ⅶ						世代継承性 対 停滞 **世話**	
初期 成人期 Ⅵ					親密 対 孤立 **愛**		
青年期 Ⅴ				同一性 対 同一性拡散 **忠誠**			
学童期 Ⅳ			勤勉性 対 劣等感 **適格**				
遊戯期 Ⅲ		自主性 対 罪悪感 **目的**					
幼児期 初期 Ⅱ	自律性 対 恥，疑惑 **意志**						
乳児期 Ⅰ	基本的信頼 対 基本的不信 **希望**							

図 7.2　エリクソンのエピジェネティック図表，人生の 8 段階 （Erikson, 1982 より）

7.2.2　幼児期初期——「自律性（autonomy）」対「恥，疑惑（shame, doubt）」

　幼児期初期は，フロイトのいう肛門期（anal stage）にあたり，筋肉による保持と排除が中心的課題とされる。このフロイトの考えにエリクソンは同意しながらも，トイレットトレーニングなどのこの時期の経験は，自律や自由，独

立や自己支配感という心理社会的経験であり，達成の問題であるとしている。
エリクソン（Erikson, 1963）は，「自分の足で立とうとしている（stand on his
own feet），その子どもを，周りの者は背後で見守らねばならない」（p.85）と
述べ，この時期の心理社会的テーマを，独立性，自己支配感，自己統制感であ
り，恥の回避としたのである。

7.2.3　遊戯期——「自主性（initiative）」対「罪悪感（guilt）」

　3歳から5歳にかけての遊戯期は，フロイトによれば，親に対する無意識的
な性的感情ともう一方の親に対する攻撃的感情という，両親に向けられたエロ
スと攻撃性によって特徴づけられた時期である。フロイトは，このような性的，
攻撃的な感情のダイナミズムを「エディプス・コンプレックス」と名づけ，こ
の時期を男根期（phallic stage）としている。エリクソンは，この時期，子ど
もたちが世界を支配し，征服しようと一生懸命であり，日常生活で主導権をと
ろうとすることに着目し，自主性がこの時期の心理社会的トピックであるとし
ている。男の子も女の子も，そのスタイルは違っても，増長中（エリクソンの
言葉は 'on the make'）であり，全精力をかけて自分が王様，王女様になろう
とするのである。しかし，そのような思いや行為は他人を傷つけることにもな
りかねず，心に罪悪感が生じることにもなる。

7.2.4　学童期——「勤勉性（industry）」対「劣等感（inferiority）」

　小学校に入ると，子どもの行動に，性的欲動であるリビドーによる表現はめ
ったに見られなくなる。これは，フロイトのいう潜伏期（latency stage）であ
る。子どもたちの主要な関心は，遊びや学業，友人関係へと移り，社会の一員
となるために必要な技術や規範を学校で学ぶことになる。勤勉な（industri-
ous）児童は，自分たちの文化の理解，その習わしとしきたりに深く巻き込ま
れるのである。
　興味深いことに，マクアダムス（McAdams, 2009）は，「『学業でAをとる
こと』と『真実を言うこと』はともによいことではあるが，良いことと善いこ
ととの違いは，この時期の経験に通底した主要な問題である」（p.355）と述べ，

「良いこと」と「善いこと」がストレートに結びつかない現代社会の困難さに言及している。

7.2.5　青年期——「同一性（identity）」対「同一性拡散（identity confusion）」

　第2次性徴として知られる身体的変化は，少年，少女たちに子ども時代の終焉を告げることになる。フロイトにとってリビドーの働きに基づいた心理—性的発達の最終段階である思春期（12〜15歳）は，エリクソンにとっては，青年期への入り口として位置づけられている。すなわち，思春期は，成人への身体的変化の時期であり，ピアジェの認知発達における形式的操作期という抽象的な仮説による思考（大人って何？）が始まる時期であり，大人社会への入り口（どうしたら大人になれるの？）でもある。

　このようにして迎える青年期の主要な心理社会的課題が同一性であり，「私とは何？」という問いかけなのである。思春期から青年期にかけての時期について，エリクソン（Erikson, 1959）は「この時期は心理社会的なモラトリアムとみられる。自由にいろいろなことを試してみなければ，社会の中に自分の居場所（a niche）を見つけることはできない。……（中略）……居場所が見つかったとき，若者は，心の中に，しっかりと変わらない自分（inner continuity）がいるとみなすことができるようになり，社会の中でも自分は同じ私なのだ（social sameness）と思うことができるようになる。その結果，子ども時代の私と今の私とがつながり，自分で思っている私と社会に思われている私とが調和することになる」（p.111）と述べている。

　このような青年期の同一性の様相について，マーシャ（Marcia, 1966）は，職業観と宗教や政治に対する価値観との2つの領域について半構造化面接を実施した結果から，同一性危機の体験の有無と対象への傾倒の有無という2つの基準から決定される4つの同一性地位（identity statuses；表7.1）を見出している。このマーシャの同一性地位の分類は多くの研究を生み出し（Schwarz, 2001），日本においても，同一性地位判定尺度（加藤，1983）やラスムッセンの自我同一性尺度日本版（宮下，1987）がある。

表7.1 マーシャの4つの同一性地位（Marcia, 1966 より作成）

同一性地位	同一性危機の体験	対象への傾倒
同一性達成	体験	傾倒
モラトリアム	体験	未傾倒
早期完了	未体験	傾倒
同一性拡散	未体験	未傾倒

7.2.6 初期成人期——「親密（intimacy）」対「孤立（isolation）」

　「私」にそれなりの答えを見つけた人が，次に出会う心理社会的課題が「親密」であり，その課題の解決によって獲得される徳が「愛（love）」である。エリクソンは，大人としての愛と対象への傾倒は決して容易なものではなく，同一性が達成されていることが親密という課題を解決するために重要であると述べて，同一性の次が親密という心理社会的発達の順序を強調している。

　ただし，同一性の達成と親密の獲得の順序については，他者との親密さなしには社会的な私という内的な理解とその確信はありえないとも考えることができる。両者の関係をその順序を含めて検討した研究（Kahn et al., 1985）はあまりなく，私に対する深い洞察や探求というモラトリアムを経験しないこと，あるいは早期完了のまま初期成人期を迎えることが，他者との表層的な孤立した対人関係を生み出す原因になっているかどうか，その検討は現代的課題である。

7.2.7 成人期——「世代継承性（generativity）」対「停滞（stagnation）」

　「generativity（ジェネラティビティ；この訳語については，世代性，生殖性，世代継承性，生成世代性など複数の訳語が用いられている）」はエリクソンの造語であり，そこには，「generative」の生成的，生殖的な意味と「generation」の世代という意味とが重なり合っている。世代継承性を示す典型的行為は子どもを育てることである。人生の後半である中年から老年にかけて，人の心を占める重要な課題は，次世代を育て，自分たちの文化を次世代に伝え，そ

して自分が生きてきた人生を受け入れることである。

　人々の日常的な生活の連続であり，命の連続でもある人生は，人生の物語（life story）として生成され語られる（narrative of life）。この人生の物語による生涯発達へのアプローチがライフストーリー研究であり，その核にジェネラティビティの概念がある。やまだ（2000b）は，「……つまり，自己が生成的な（generative）ものとしてとらえられる。同じ出来事でも，筋立てを変え，配列を変えて新しいヴァージョンをつくる方法は，遺伝子（gene は「生成子」と訳すこともできる）の働き方と同じく，生を生成する仕組みであると同時に，知識を世代（generation）を超えて巧みに伝達する仕組みでもある。ライフストーリー研究と，エリクソンの generativity（生成世代性）概念が関連づけられるのは，まさにそのためである」（p.158）と述べ，生涯発達研究におけるジェネラティビティ概念の重要性を指摘している。

　マクアダムス（McAdams, 2001）は，7つの心理社会的要素から構成される

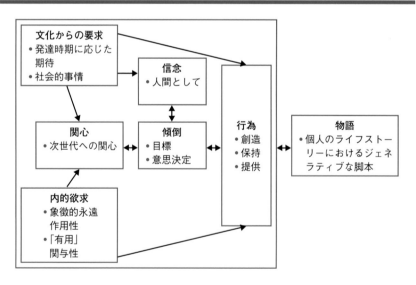

図 7.3　**7つの心理社会的要素からなるジェネラティビティ・モデル**
（McAdams & de St. Aubin, 1992 より）

ジェネラティビティのモデル（図7.3）を理論化し，その要素概念を測定する質問紙（McAdams & de St. Aubin, 1992）を作成している。

　社会や文化からの役割期待と世界への永遠なる働きかけと関わりを願う内的な希求性（丸島，2009）に動機づけられた中年期の人の心が，このモデルにより記述されている。これらの心理社会的な動機が，次世代への関心となり，人間性への思いと重なり，対象への傾倒を生み出すのである。その結果として表れる行為には，パーソナリティと生活との交互作用によって異なった様式として表現される，創造，保持，提供の3つの異なった行為が考えられている。そして，ジェネラティビティによって関連づけられた人の一生が，その人のかけがえのない「一つの人生の物語（a life story）」として語られるのである。

7.2.8　老年期——「統合（integrity）」対「絶望（despair）」

　ライフサイクルの最後の段階が，成熟期とも訳されることがある老年期である。人生を振り返り，自分の送ってきた人生について考えることが多くなるこの老年期について，エリクソン（Erikson, 1963）は，「……人は，自分の人生を慈しみ（graciously），そして受け入れなければならない。おかしたあらゆるあやまちや自分に備わったおろかさも含め，人生はそうあらねばならなかったのであり，取り換えることのできないものである」（p.268）と述べている。このような，宗教的ともいえる「統合」という思い（belief）をエリクソンは受容（acceptance）とし，その徳を「叡智」であるとしているが，神からの贈り物（a gift）として人生を受け入れることは困難でもあり，にがい苦しみ（despair）を人生の最後に人々に与えることにもなる。

　西平（1993）は，「固定的・静止的・構造的であるよりはむしろ，発生的，発達的，変様的であろうとし，人間という存在者を，『永遠の相のもとに』普遍的存在様式の次元において解明するのではなく，『変様の相のもとに』プロセスとして，絶えず移り変わる相において解明しようとする」（p.75）と，エリクソンの発達論に人間形成論の視点からアプローチしている。パーソナリティは，プロセスとして，すなわち物語られる時間的生成の中で理解されるのである。

7.3　レヴィンソンの成人からの発達論

　レヴィンソンは，生物学の教授，小説家，管理職，時間労働者という 4 つの職業群からなるアメリカ人男性 40 人（35〜45 歳）に面接調査を行い，そこで得られた個人のライフストーリーから男性成人期の発達段階モデル（図 7.4）を提唱した（Levinson, 1978）。

　彼のモデルにおける主要概念は，ある発達時期におけるその人の生活パターンや生活デザインである「**生活構造（life structure）**」であり，成人期の発達を，比較的穏やかな生活構造の安定期と生活構造の大きな変化が起きる移行期とが交互に現れる，生活構造の漸進的プロセスであるとしている。

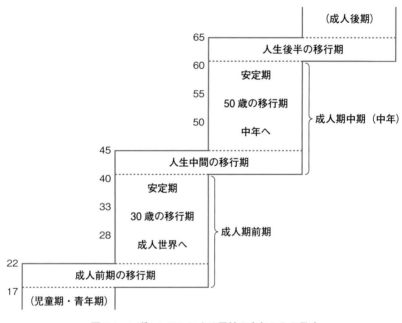

図 7.4　**レヴィンソンによる男性の中年からの発達**
（Levinson, 1978 より）

　レヴィンソンのモデルの中心は中年期であり，中年期の人生半ばの転換点としての課題とその厳しさを，彼の著作である *The seasons of a man's life*（『人生の四季』）"（Levinson, 1978）で述べている。

7.4　ま と め

　パーソナリティの生涯発達的アプローチは，ライフサイクルを視座としたライフストーリーやアイデンティティの諸研究を生み出した。中でも，エリクソンの発達論は，成人期や老年期を中心とした発達研究を発展させ，アイデンティティ論やパーソナリティ研究に大きな刺激を与え，エリクソニアン（Eriksonian）とも称される多くの研究者を輩出している。

　ライフストーリーやライフヒストリーという自己の物語や自己の生育史は，生きる意味という意味次元からの全人格（a whole person）的なパーソナリティ理解の試みともいえる。そのようなパーソナリティの統合的理解として，マクアダムスのレベル論（McAdams, 1996）がある。マクアダムスは，傾性的特性（dispositional traits），社会的適応（characteristic adaptations），ライフストーリー（life story）の3つのレベルから重層的にパーソナリティを理解することによって，人のパーソナリティを統合的に理解することが可能になるとしている。

　日本においても，ライフサイクルを視座とした，ライフストーリー研究やアイデンティティ研究，および，中年期や老年期における死や宗教観を含んだ発達課題の検討（川島，2005）が行われている。ライフストーリー研究（無藤・やまだ，1995; やまだ，2000a）や自己物語としてのアイデンティティ研究（榎本，2002，2008），成人女性のアイデンティティ発達（岡本，2002）などの諸研究は，「真実の自己，本当の私を探し，自己実現する私」という生成されるパーソナリティの探求としてとらえることができよう。

参 考 図 書

渡辺 恒夫（2009）．自我体験と独我論的体験——自明性の彼方へ——　北大路書房

　「私とは何だろうか」「私という存在はどこから来たのか」などと自身に問いかけるような哲学的な自我体験について心理学的に検討し，考察した書。

パーソナリティの発達と他者

8

　パーソナリティは，人が持って生まれてきた生物学的・遺伝的な条件と，その人が生きてきた環境との絶え間ない相互作用の中で形成される。その環境の中で特に重要な役割を果たすのが，"他者"という存在である。本章では，実際に関わり合う家族や友人，職場や地域にいる人々（直接的意識的他者）だけでなく，ふだん意識はしていないが常に私たちを取り囲んでいる人々に共通の価値観や文化観も広義の他者（間接的無意識的他者）とみなして，"他者"との関わりがパーソナリティにどのような影響を及ぼすのか考える。

8.1　パーソナリティを取り巻く環境

　人は生まれたときからそれぞれの環境の中で成長する。環境は人に影響を及ぼすが，人もまた環境に働きかけ，その相互作用の中でパーソナリティは形成されていく。

　スーパーとハークネス（Super & Harkness, 1986）は，子どもが成長する環境を発達的ニッチ（developmental niche）とよんだ。発達的ニッチは，①子どもが生活する物理的・社会的環境，②子どもの養育に関する文化的な慣習，③養育者の心理（養育者が子育ての目標や効果的な方法についてどのような信念を持っているか等）の3つの要素から構成される。これらの要素は互いに関連しながら，子どもの発達に影響を及ぼす。さらに環境も子どもからの働きかけによって変化する。扱いやすい，扱いにくいなどの子どもの気質（第5章参照）によって親の養育態度が変わるのはこのような例の一つである。

　子どもが成長していく環境の中で，特に重要な役割を果たすのは他者の存在である。第7章で紹介したエリクソンの発達段階理論でも，各段階で達成すべ

き心理社会的課題とともに，そこで重要な役割を果たす他者の存在が想定され
ている。

　生後まもなくから約1年間の乳児期では，世界と自己の関係について基本的
な信頼感を持てるようになるためには，安定して子どもに関わる母親的な存在
が必要とされる。そして子どもが成長し，行動の範囲が広がるとともに，関わ
りを持つ他者の範囲は両親，定位家族（自分が生まれ育つ家族），学校や近隣
の人々，同年代の集団，仕事や家庭のパートナー，家族へと広がっていく。

　次節では，子どもが一番初めに深く関わる他者である母親的な存在が，パー
ソナリティの発達にどのような影響を及ぼすのかについてみていくことにしよ
う。

8.2　愛着とパーソナリティ

　ボウルビィ（Bowlby, J.）は，第2次世界大戦後に施設に収容された戦災孤
児において心身の健康な発達が損なわれる例が多かったことから，母性剥奪
（maternal deprivation）がそうした影響を及ぼすのではないかと考えた。その
後，ボウルビィはエインズワース（Ainsworth, M. D. S.）とともに**愛着**（attach-
ment；**アタッチメント**）の研究を行った。

　愛着とは他者との間に形成される情緒的な絆のことであり，多くの場合，人
生で最初の愛着は乳幼児と養育者の間に形成される。乳幼児期の子どもは，周
囲の人の動きを目で追ったり，声を出したり，手を伸ばしたりする愛着行動を
示す。そして次第に養育者とそれ以外の人を区別し，特定の養育者に対して強
く愛着行動を示すようになる。一方で養育者は子どもに微笑みかけたり，泣き
声に反応してあやしたり，食事を与えたりする。愛着はこのような相互的な関
わりの中で形成されるが，子どもが愛着行動をよく示すかどうかといった気質
の違いや，親の養育態度が安定していて子どもの情緒とよく調和したものか，
または不安定だったり拒否的であったりするかといった要因によって，その性
質に違いが生じる。

　子どもと養育者の間の愛着の性質を調べるための方法としては，**ストレン**

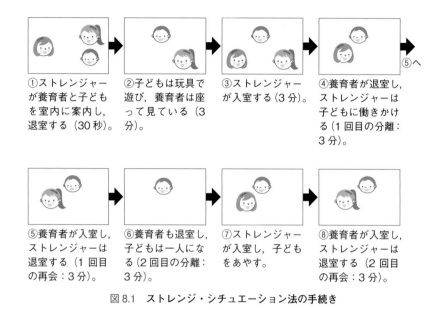

①ストレンジャー
が養育者と子ども
を室内に案内し，
退室する（30秒）。

②子どもは玩具で
遊び，養育者は座
って見ている（3
分）。

③ストレンジャー
が入室する（3分）。

④養育者が退室し，
ストレンジャーは
子どもに働きかけ
る（1回目の分離：
3分）。

⑤へ

⑤養育者が入室し，
ストレンジャーは
退室する（1回目
の再会：3分）。

⑥養育者も退室し，
子どもは一人にな
る（2回目の分離：
3分）。

⑦ストレンジャー
が入室し，子ども
をあやす。

⑧養育者が入室し，
ストレンジャーは
退室する（2回目
の再会：3分）。

図8.1　ストレンジ・シチュエーション法の手続き

ジ・シチュエーション法という方法が考案されている（図8.1）。

　養育者との間に安定した愛着が形成されていると，子どもはそれを安全基地
のようにして，自分の周囲（この場合は初めて入る部屋）を探索することがで
きる。さらに子どもからの愛着行動は，養育者がいなくなったり，見知らぬ大
人（ストレンジャー）と二人きりになったりするストレス状況で強く起こると
考えられる。このような考えに基づいて，ストレンジ・シチュエーション法で
観察された子どもの行動は，安定型，回避型，抵抗型の3つの愛着スタイルに
分類され，後に，被虐待児に多くみられる（Main & Solomon, 1990）とされる
無秩序型が付け加えられた（表8.1）。

　愛着スタイルは時間を経ても比較的安定しており，子どもの頃と大人になっ

表 8.1　愛着の 4 つのタイプ

	愛着のタイプ	ストレンジ・シチュエーションでの子どもの行動	家庭での養育者の態度
愛着が安定	安定型（B 型）	分離の際に多少は苦痛を示すが，再会すると接触を求め，すぐになだめられる。積極的に部屋や玩具の探索を行う。	子どもの泣き声や信号に対して敏感で，タイミングよく応答する。子どものペースに合わせる。
愛着が不安定	回避型（A 型）	分離時にあまり混乱せず，再会してもあまり接触を求めない。すぐに探索を始め，養育者から離れても不安な様子を示さない。	子どもの泣き声や信号への応答性が全体に低く，拒否的である。身体接触を避け，強制的な対応が多い。
	抵抗型（C 型）	分離時には非常に強い苦痛を示し，ほとんど探索行為を行わない。再会時には，親への接触を求める一方で抵抗も示す。	子どもの泣き声に対して拒否的ではないが，タイミングがずれるなど応答性は低い。子どもに接しながら他のことをすることが多い。
	無秩序型（D 型）	A～C のどれにも該当しない。接近・回避の両方を示し，一貫しない。	

てからの愛着スタイルの間にはある程度の一貫性があるとされている[1]。愛着は，成長した後も対人関係の中で経験される出来事を取り入れ，世界（他者）についての信念（他者は自分の求めにどのくらい応じてくれるのか）と自己についての信念（自分は他者から助けてもらう価値のある存在か）として，対人関係にさまざまな影響を及ぼすと考えられている。こうして対人関係における基本的な枠組みとして働く心的表象という意味で，これらの信念のあり方を**内的作業モデル**とよぶこともある。

　大人の愛着スタイルを測定するには，面接法と質問紙法が用いられる。面接

---

[1] 子どもの頃に不安定な愛着を形成した人でも，その後，安定した対人関係を持つことができたり，カウンセリングなどの心理的なサポートを受けたりすることによって，安定的な愛着スタイルに変化することがあり，これを**獲得安定型**とよぶ（高橋，2015）。

法としては，成人愛着面接（Adult Attachment Interview; AAI）がある。成人愛着面接では 20 の質問が用いられる（George et al., 1996）。以下はその例である。

「子どもの頃のあなたとご両親の関係はどのようなものでしたか？」

「お父さんとお母さんではどちらをより身近に感じていましたか？」

「あなたがご両親との関係から何かを学んだように，あなたの子どもにはあなたとの関係から何を学んでほしいですか？」

　これらの質問を用いて，過去の養育者との関わりや養育者としての自分自身について面接を行い，その語り方から 4 つの愛着タイプに分類する（表 8.2）。

　質問紙で大人の愛着スタイルをとらえるものには，戸田（1988）の内的作業モデル尺度や，中尾・加藤（2004a, 2004b）の愛着スタイル尺度，古村ら（2007）のアダルト・アタッチメント・スタイル尺度などがある。

　内的作業モデル尺度は「安定」「アンビバレント（上記の愛着スタイルでは

表 8.2　成人愛着面接における愛着タイプの語りの特徴

愛着のタイプ	語りの特徴
安定／自律型 （乳児の安定型にあたる）	語りは一貫していてまとまりがある。愛着の価値は認めているが，個々の出来事に対しては客観的に語る。愛着に関連する経験への評価は一貫しているが個々の経験には好き嫌いもある。語りはおおむね正直で，適切な量で関連のないことは話されず，明確である。
愛着軽視型 （乳児の回避型にあたる）	語りは一貫しておらず，愛着に関連する経験の語りは避けられる。「普通の，良い母親です」のように実際のエピソードとは矛盾する一般化した表現がみられる。語りは非常に短い傾向がある。
とらわれ型 （乳児の抵抗型にあたる）	語りは一貫しておらず，過去の愛着関係や経験にとらわれている。語り手には怒りや恐れがみられる。語りは長くなる傾向があり，文法が乱れたり曖昧な表現などがみられる。
未解決型 （乳児の無秩序型にあたる）	上のどのタイプにも該当しない。喪失や虐待について語る間，話の筋道をモニタリングすることが困難である。たとえばもう亡くなった人を生きていると言ったり，長い間沈黙したりする。

抵抗型にあたる）」「回避」の3つのスタイルをそれぞれ特性としてとらえ，個人内での3つの得点の相対的な比較から内的作業モデルの特徴を測定する。項目としては「私はすぐに人と親しくなるほうだ（安定尺度）」「人は本当はいやいやながら私と親しくしてくれているのではないかと思うことがある（アンビバレント尺度）」「私は人に頼らなくても，自分一人で十分にうまくやって行けると思う（回避尺度）」などがある。

　一方，中尾・加藤（2004a）の愛着スタイル尺度は，自己観と他者観の2次元から愛着をとらえようとする理論に基づいて作成されたブレナンら（Brennan et al., 1998）のECR（Experiences in Close Relationship inventory）を基に作成された。この尺度では愛着対象として恋人が選ばれているが，後に中尾・加藤（2004b）は一般他者を想定した愛着スタイル尺度も作成している。

　この理論によると，愛着スタイルは自己観と他者観がポジティブかネガティブかの組合せによって4タイプに分類することができる（図8.2）。自己観がポジティブであるとは，愛着対象から自分が見捨てられるという不安が低いことを意味し，他者観がポジティブであるとは，愛着対象との親密な関係を回避しないということである。項目としては，「私は一人ぼっちになってしまうの

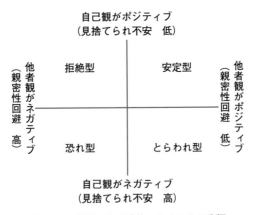

図 8.2　2次元による愛着スタイルの4分類

ではないかと心配する」「私は恋人（知り合い）を失うのではないかとけっこう心配している」（見捨てられ不安）や，「私は恋人（人）に心を開くのに抵抗を感じる」「私は恋人（人）とあまり親密にならないようにしている」（親密性の回避）などが用いられる。

古村らのアダルト・アタッチメント・スタイル尺度は，フラリーら（Fraley et al., 2010）の ECR-RS（Experience in Close Relationship-Relationship Structure）尺度の日本語訳で，「自分が心の奥底で感じていることを知られたくない」などの回避尺度6項目，「私は，その人に見捨てられるのではないかと不安に思う」などの不安尺度3項目から構成される。これらの尺度では，愛着対象として，母親，父親，配偶者または恋人，もっとも親しい友人などを指定して，質問に対する回答を求める。

愛着理論によれば，大人になっても何らかのストレス状況に置かれてネガティブな感情を経験し，心や体の安全・安心を取り戻したいと感じるときには，そのための愛着行動をとると考えられる。中尾（2012）の調査によると，子どもとは違い，大人の愛着行動は相談や愚痴を聞いてもらうといった会話でのやりとりが多い。しかし愛着スタイルごとにみると，親密性回避得点が低い（安定型やとらわれ型の特徴）人は，拒絶型や恐れ型と比べて，相手と一緒にいようとしたり自分の気持ちや状況を素直に伝えたりする行動が多かった。また，とらわれ型（見捨てられ不安が高い）は安定型（見捨てられ不安が低い）より，相手を気遣って自分の気持ちを話さず，やつあたりやすねるなどの行動が多くみられた（中尾，2012）。

一方，乳幼児と養育者の間に形成される愛着だけではなく，その後の成長に伴って築かれる人間関係の影響に注目するのがソーシャル・ネットワーク理論（Lewis & Takahashi, 2005 高橋訳 2007）である。この理論によると，子どもが関わりを持つ親や兄弟，祖父母，仲間などがソーシャル・ネットワークを構成し，彼らが保護，世話，養育，遊び，学習，親和などさまざまな社会的機能を充足させる。このモデルによると，母親と友達は異なる機能を満たす対象であり，子どもが母親から受ける影響と友達から受ける影響は異なると考えられる。この点で，母子関係が他の対人関係に及ぼす影響に重点を置く愛着理論とは異

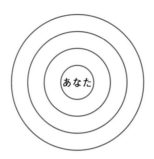

図 8.3　ソーシャル・ネットワークを測定するための図版（レヴィット，2007）

なる。

　レヴィット（高橋訳 2007）は，図 8.3 のような図版を用いてソーシャル・ネットワークの測定を行い，それが適応とどのように関連しているかを調べた。ここでは人が互いにサポートを提供し合い，ライフサイクルによって変化するソーシャル・ネットワークのことを「コンボイ」とよんでいる。

　まず中心にいるのが自分として，もっとも内側の円には「一番身近で大切な人，一番大事で好きな人」を何人でもあげてもらう。そして次の円に 2 番目に大切な人々を，最後の円には 3 番目に大切な人々をあげてもらう。このうち，もっとも内側の円に入る人々が愛着の対象に相当すると考えられる。児童期から青年前期の人を対象に行われた調査では，もっとも内側の円に親しい家族だけではなく祖父母や友人など多様な対象を挙げるほど適応が良いこと，また特定の対象が適応にもたらす影響は性別や人種によって異なることが示された。

　このように，人はさまざまな人との関わり合う中で，一方的に安心や安全を与えられる存在から互いにサポートし合う社会的な存在へと成長していく。パーソナリティの発達は，成長とともに広がる他者との関係の中で起こるのである。

8.3　状況と個人の相互作用論

　私たちはふだん，自分はこういう性格だ，あの人はこんなタイプだ，というようにパーソナリティをとらえ，それはどんな状況でも変わらないものだと認識していることが多い。こうしたパーソナリティ観に対してミシェル（Mischel, 1968 詫摩訳 1992）は，人の行動傾向が状況を越えて一貫していることを示すデータは実際にはほとんどないことを示し，人の行動はパーソナリティによって決まるのではなく，その時々の状況が大きく影響するのだと主張した。ここから，人の行動を決定するのはパーソナリティか状況かという議論が起こった（人—状況論争）。

　現在では脳神経科学や遺伝研究の発展によってパーソナリティの生物学的な基盤も徐々に明らかにされてきており，人か状況かという極端な考え方ではなく，「行動は，人のさまざまな特性と状況とが複雑に関係し合って決まる」という相互作用論が共通の認識となっている。こうした相互作用論では，人のど

BOX 8.1　マインド–マインディッドネス

　マインド–マインディッドネス（mind-mindedness, 以下 MM）とは，幼い子どもとの関わりの中で，単に子どもの要求を満たすだけでなく，子どもを心や意図を持った存在としてみなす養育者の傾向のことである。養育者のこのような関わり方が，安定した愛着や心の理論（他者の心の状態を推測する機能）の発達に影響しているのではないかと考えられている。マインズら（Meins et al., 2003）によれば，MM の表れと考えられる母親の行動には，①子どもが視線を向けたり働きかけたりしている対象に触ったり，その名前を言ったりすること，②子どもの発声を模倣すること，③子どもの自律的な行動を促すこと，④子どもの心の状態に関するコメント（例：「あの玩具が欲しいのね」「退屈してきたの？」）などがある。およそ 50 組の母子に対して，生後半年から 5〜6 歳まで追跡調査を行ったところ，生後間もなくから子どもの心に関するコメントを多く行うことが 5〜6 歳頃の心の理論課題の成績にもっとも影響することが示された。

のような特性が，状況のどのような特徴と関連して，どんな行動をもたらすのかが検討される（堀毛，1996）。

　第10章で紹介するミシェルとショウダ（Mischel & Shoda, 1995）の認知的・感情的パーソナリティシステム（Cognitive Affective Personality System; CAPS）もこうした相互作用論の一つである。ここでは，パーソナリティは状況の特徴と認知や感情の結びつき方の違いを反映していると考えられている。このモデルでは，状況のさまざまな特徴はある人の中で特定の認知や感情と結びついており，「もし状況に a という特徴があるなら，このように行動する」というパターンをもたらす。たとえば，ある人はテストを受けることをやりがいのある挑戦だと感じて前向きに取り組むが，別の人は悪い成績をとることが心配で何とかテストを逃れようとするかもしれない。さらにテスト以外でも「他者から評価される」という特徴が含まれる状況なら，両者はそれぞれ同じように行動する可能性が高いだろう。この安定したパターンのことを**パーソナリティ徴候**とよび，これが個々の人の行動に「このような状況なら」という条件つきで一貫性をもたらすのである。

8.4　**パーソナリティと文化**

　日常的な対人関係を越えて，さらに多くの人々の間で共有されている文化とパーソナリティの関連に注目した研究もある。マーカスと北山（Markus & Kitayama, 1991）は，北米を中心とする西洋文化で優勢な相互独立的自己観と，アジア圏で優勢な相互協調的自己観の対比を示し，その後の研究に大きな影響を与えた。

　相互独立的自己観では，自己は周囲の事物や他者からはっきりと区別される主体であり，能力や才能，パーソナリティなどは自分を規定する重要な特徴として，明確に自己の内部にある。一方，**相互協調的自己観**では自己と他者の境界は相対的に曖昧で，自己は他者や周囲と結びついた関係志向性の高いものである。また自己を規定する上で，自身が所属する内集団が重要な役割を持っているため，内集団や重要な他者からの期待に応えることが自己にとって重要な

課題となる。このような違いは，その文化が個人的な達成を重視するのか，集団の調和を重んじるのかといった価値観や，その価値観に基づく子どもへの養育態度，教育などと密接に結びついている。

　留学経験を終えて日本に戻った学生から「自分は外向的で自己主張もできるほうだと思っていたが，アメリカではもっと自己主張しないといけなかった」などの感想を聞くことがある。このような経験は，アメリカ人は社交的で自己主張が強く，日本人は協調的であまり自己主張をしないといった**ステレオタイプ**（stereotype；ある集団の人々に対する，過度に一般化された信念）的なパーソナリティ観につながる可能性もあるが，同時に人が文化に埋め込まれた存在であり，その中でパーソナリティが涵養されることにも気づかせてくれる。

8.5　ま と め

　本章では，パーソナリティが状況と人との相互作用の中で発達し，形作られていくものであることを示した。状況にはさまざまな特徴が含まれているが，その中でも人の行動にもっとも大きな影響を与えるのはその場にいる他者である。第7章で紹介したエリクソンの心理社会的発達課題においても，その課題を達成する上で重要な役割を果たす他者があげられている。たとえば，基本的信頼感を形成する乳児期にはその信頼の対象となる母親的な存在，アイデンティティを確立する青年期では自己の拠り所にもなり参照枠にもなる仲間集団の存在などである。

　ある状況にどのような他者が存在して，その他者と自分がどのような相互作用を結ぶかという社会的状況が行動に影響を及ぼすのであれば，安定した対人関係を形成するということは同時に，その関係の中で自分の行動パターンを形成していくということでもある。さまざまな状況に出会い，その中で培われる対人関係に応じて行動パターンのレパートリーが多様になることがパーソナリティの発達だともいえるだろう。

参 考 図 書

サトウ タツヤ・渡邊 芳之（2011）．あなたはなぜ変われないのか──性格は「モー
　　ド」で変わる　心理学のかしこい使い方──　筑摩書房
　パーソナリティと状況の相互作用について，日常の観点からわかりやすく解説し
ている。

ミシェル，W.・ショウダ，Y.・アイダック，O.　黒沢 香・原島 雅之（監訳）（2010）．
　　パーソナリティ心理学──全体としての人間の理解──　培風館
　人─状況論争のきっかけを作ったとされるミシェルによる書で，さまざまなパー
ソナリティ理論を包括的に説明できるような理論が展開されている。

自己形成へのアプローチ

パーソナリティ研究の基本的関心は個人差（individual difference）にある。対人的に異なっている人自身は，しかし，個人内では変わらない首尾一貫した主体である。エリクソンは，連続性（continuity）と斉一性（sameness）により，この個人内の時間的社会的不変性，すなわち「本当の自己」を概念化している。

溝上（2008）が指摘するように，エリクソンのアイデンティティ論は，同一性の形成を自我の働きとする精神分析学の正統性ゆえに，ポストモダンとよばれる時代以降の多次元的で多面的な，自我のような統一的なダイナミズムを持たない（ようにみえる）「私」の理解には限界があると考えられる。溝上の指摘は，ポストモダンの科学観に呼応したものでもある。リオタール（Lyotard, 1979 小林訳 1986）は，大きな物語という普遍的な統一原理に対して，現代人は，コンセンサスを持ちえなくなっているとして，普遍的な真理ではなく，小さな物語というローカルな個人的真実を，限定的な真理として探求することが誠実な態度ではないかと主張している。

パーソナリティが，内面的な意味をも含むものであるとするならば，現代のパーソナリティ理解は，リオタールのいう小さな物語である，個人的な経験のその人自身による意味の理解という認知的なプロセスとならざるをえない。そして，そのアプローチの方法は，個人的経験が対象となるがゆえに，必然的に対話的な方法となる。人は，夢の中で，人生という物語の中で，自己を語る。研究者は，表象や筋立てによって，その意味の神話的，社会的，心理的文脈を理解し，解釈（interpretation）することになる。マクアダムス（McAdams, 2008）は，「ライフストーリーは文学的所産であり，さまざまな意味が含まれている。人の語りは必ずしもその人が思っているものと同じとは限らない。それゆえに，その解釈は困難ではあるが，興味深い」（p.430）と述べている。

本章では，自己概念と自己形成について，精神分析学における自我や自己，近年の心理学研究における多面的な自己概念，そして，現代的自己として対話的自己（Hermans & Kempen, 1993）とジェンダー・アイデンティティを取り上げ，現代における「私」という自己形成のダイナミズムについて考察する。

9.1　フロイトの自我論

　フロイト（Freud, S.）は「**イド**（id）・**自我**（ego）・**超自我**（superego）」の3つの領域からなる心のモデル（図9.1）を提唱した（Freud, 1923/1961）。自我は，イドからの本能的欲動と超自我からの良心の要請，外界の脅威の三者を調停する，仲裁者の役割を行う。自我は，現実原則によって，イドからの本能的衝動を理性的で現実的な行動へと変換するのである。この自我の働きは，意識界だけではなく無意識界でも作用するとされる。

　以上のことから，自我は，私たちの心の中にある本能という生物的欲求や超自我として概念化された社会的規範，外界の環境的意味という3つの異なった意味をまとめ上げる，一極集中的な働きをしているということができる。フロイトの**精神分析学**（psychoanalysis）では，自我が「私」を形成している。

　フロイトは，この自我による心の働きが，神経症患者と健康な人とにかかわらず存在する一般的なものである考え，自我が用いる一般的な基礎原理の一つとしてとしてエディプス神話（図9.2）と対応した「**エディプス・コンプレッ**

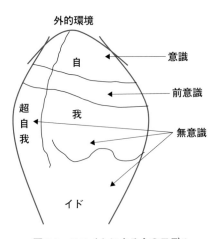

図 9.1　フロイトによる心のモデル

ギリシャ神話の中でももっとも有名な悲劇であるソフォクレスの「エディプス王」は，B.C.426 年から 430 年の間にアテネで初演された。その筋書きは以下の通りである。

「王家に生まれたエディプスは，初めから『父を殺して母と寝る』と予言され，これにおびえた父王ライオスは，彼を従者に殺させようとするが，従者は殺すために彼を森につれて行くものの，手を下しかねて，よその国の旅の一行に彼を預け，彼はかの国の王子として成長する。ところが彼は，いよいよ一人前となってこれから国を背負ってゆくにあたり，自分の進むべき道を知る為に神託をうかがいにゆき，そこで結局おなじ予言を得てしまう。彼は自分の出口を知らないから，破局を避けるために自ら放浪の旅に出て，その道の上で，向こうからやってくる父ライオスの一行に出会う。互いに王家の人間で自尊心が高いので，道を譲らず争いとなり，エディプスは父を父と知らずに殺してしまう。ライオスの国の入り口にはそのころスフィンクスが住みつき，道行く人になぞをかけて答えられなければ食い殺していた。エディプスはこの謎に難なく答えてスフィンクスを自殺させ国に入る。国を救ってくれた英雄であるエディプスを，国民は新しい王として立てたので，彼は未亡人となった自分の母である王妃イオカステと結婚し子どももうける。しかしたちまち国は疫病に見舞われる。困窮した国民と為政者エディプスの前に，名高い預言者ティレシアスが現れる。ティレシアスはエディプスの素性を透視し，このような為政者をいただいたことが国の不幸の原因であると宣言する。初めはこれを信じなかったエディプスも，嬰児であった彼を殺しきれなかったあの従者が証人として現れて事実を述べるにいたって，自分の身の何たるかを悟り，自らの目をえぐり盲目となって再び放浪の旅に出る。母イオカステは自ら首をくくって果て，エディプスの旅には，末娘アンティゴネがつきそう。」(新宮，2000, pp.127-128)

図 9.2　エディプス王の悲劇

クス」を，彼自身の夢が多く記載されている『夢判断』（Freud, 1900/1953 高橋訳 1969）において提唱することになる。エディプス・コンプレックスは，幼児期の子どもが出会う無意識の心的過程での問題にとどまらない，生きる意味を生成する基本的な物語であり，その筋書きが自己形成の一般的な原理であるとフロイトは考えた。その結果，精神分析学の自我論は，エディプス・コンプレックスによる自我の働きによって導かれる自己形成論となる。

新宮（2000）は，フロイトのいう「裸で困る夢」「近親者の死ぬ夢」「試験の夢」の 3 つの類型夢の自己形成としての意味を，エディプス王の悲劇という物語との対応とエディプス・コンプレックスの働きから見事に解き明かしている。

「裸で困る夢」は，エディプスが性的存在として母のもとを訪れ，知らないが
ゆえに父のように子どもを生ませるという「エディプスの運命」と対応してい
る。それは，本能的で生物的欲求ではあるが人間的欲望でもあるプリミティブ
な力を，自分が行使できる存在になりつつあることを意味している。「近親者
の死ぬ夢」は，エディプスが父を殺すことに対応している。この「父との同一
化」といわれるプロセスを，新宮は，「私を生ませた他者の欲望を，私が私自
身に対して持つ欲望へと，構成してゆくことなのである」（p.132）と述べ，自
分が他者の場へ移されるプロセスとして説明している。そして，「父との同一
化」の本質が，「言語的な承認を通じて，人間としての自己を自覚することな
のである」（p.132）とすることによって，「試験の夢」は，スフィンクスの謎
かけに対応した，言語的確認による人間としての自覚を意味するとしている。

9.2　ユングの自己論

　ユング（Jung, C. G.）は，人の自己形成は自我の働きによる本能的な衝動の
禁止による社会への適応に終わらず，中年になると，人はより深い自己の探求
を行うようになるとして，そのような心の深い変化を中年の心理的危機として
いる。その危機の中で，人は魂の調和やバランスを求め，自己の十全な発現を
追求する。このような自己発達のプロセスを，ユングは個人化（individua-
tion），または自己実現（self-actualization）の過程と名づけ，自我をより高次の
全体性・統合性へと志向させるその過程は，人生の究極の目的であるとしてい
る。

　この個人化の心の働きを，ユングは「自己」によるものと考えた。自我は意
識の中心であり，自己は意識と無意識とを含んだ心の全体性の中心とされる
（図9.3）。自己の働きによる個人化の過程によって，意識と無意識を統合した
パーソナリティの全人格的発達が達成されることになる。

　ユングによる夢の分析は，この自己の働きの象徴的過程を示している。夢の
中で現れる老賢者や老人の知恵を持った子どもは人格化された自己であり，そ
のふるまいが自己の働きである。河合（1967）は，シンデレラが舞踏会に行く

自我

意識

自己

図 9.3　ユングの心のモデル

　ことを助ける仙女や聖クリストファーという子どもを自己実現における人格化
された自己として取り上げ，その物語の筋書きに自己の働きをみている。さら
に，多くのおとぎ話に出てくる王子と王女の結婚というテーマが，男と女，陰
と陽という対立した反対物の統合という，自己の特徴的な働きを象徴化したも
のであると解釈している。自己の働きである全体性や統合性，そして相補性が
図形として表象されたものがマンダラである。このマンダラに表れている，平
安の感じ，調和の感情（河合，1967, p.231）は，ユングの心理療法における変
容（transformation）の段階に通じるものでもある。治療者と患者の深い関係
により双方に生じるパーソナリティの変化が変容であり，自己実現は，他者や
世界との深い関わりにおける自己の働きにより達成されると河合は主張する。
ユングの分析心理学（analytical psychology）では自己が重視され，その自己
の働きによる自己形成は，人生の後半に起きる厳しくも深いプロセスである。
人生の成功は，社会への適応度，適格性ではなく，パーソナリティの全人格的
発展という統合性により判断される。

9.3　アドラーの自我論

　フロイトとは異なり，アドラー（Adler, A.）は人の心の中にある劣等感を重

視し，それを克服しようとする「権力への意志（will to power）」によって人は
動かされると考えた。しかし，その後アドラーは，権力への意志に代わり，よ
り一般的な上昇動機である「優越追求（striving for superiority）」を重視する
ようになる。そして，最終的には，この上昇動機を，人の心に存在する全人類
感でもある社会への関心（social interest）という共同体感覚と結びつけている。
アドラーによれば，自分の置かれた環境において，他者への真実の愛と共同性
を持ちながら，優越性と全体性を追求することが社会に適応していることであ
る。河合（1967）は，アドラーの治療プロセスについて「……『権力への意志』
に気づかせるのみならず，それを補償する『社会的感情』によって社会に適応
してゆけるように……」（p.249）と述べている。アドラーの治療における自己
形成とは，権力への意志により動機づけられた達成や完遂という力の側面に気
づき，その優越性を社会への関心に結びつけるという教育的なものである。

　アドラーの個人心理学（individual psychology）において，自我は，フロイ
トのようなイド・超自我・外界の仲裁役という受動的な自我ではなく，社会的
感情に動機づけられ，未来の目的によって導かれる，社会的で能動的な自我で
ある。そのような自我によって導かれる自己形成は，社会への適応にとどまる
受動的なものではなく，社会への積極的関心と未来を志向する能動的なもので
ある。

9.4　自己概念

　ここまで，フロイトの自我，ユングの自己，アドラーの自我を，広い意味で
の精神分析学における自己概念として取り上げたが，心理学の領域では，自己
を「知る主体としての自己（I，主我）」と「知られる客体としての自己（me，
客我）」に分けるジェームズ（James, 1892 今田訳 1992, 1993）の考え方を基本
的な自己概念として実証的な研究が行われている。そして，自己概念
（self-concept）とは「自分自身についての知覚の体制化されたものである」と
一般的に定義されている。

　近年，この自己概念，あるいは self に関する研究領域では，自己概念を多次

	視点次元							
	本人の視点（内在的視点）				他者の視点（外在的視点）			
記述的次元								
評価的次元								
感情的次元								
重要視次元								
可能性次元								
	安定性次元	複雑性次元	明確性次元	時間次元	安定性次元	複雑性次元	明確性次元	時間次元

図 9.4　**榎本（2009）による自己概念の次元モデル**

元で多面的な構造を持つものとしてとらえている。榎本（1998）は，記述的次元と評価的次元という従来からの次元以外に，感情的次元，重要視次元，可能性次元などを，自己概念の次元として想定できるとしている。そして，これらの次元の内容と関わる安定性，複雑性，明確性，時間の 4 次元を想定し，5 次元 × 4 次元のマトリックスからなる自己概念を視点の次元（本人と他者）による 2 つの様相に分けた，**自己概念の次元モデル**（図 9.4）を示している。

　自己の視点からの評価による多面的な自己概念を測定する尺度として，多くの研究者に使われている自己知覚尺度（self-perception profile）がある。この青年期版尺度（Harter, 1988; 日本語版は古澤，1996）は，学業能力，運動能力，社交性，親友関係，異性関係，容姿，道徳性，職業能力の各評価とそれらの上位概念である全体的自己価値観から構成された 45 項目からなる質問紙である。この尺度は，青年期版以外に，児童期版（Harter, 1985; 日本語版は眞榮城ら，2007）と大学生版（Neemann & Harter, 1986; 日本語版は古澤，1998）が作成されている。

9.5　自己スキーマ

　9.4 節で取り上げられた知覚される自己概念は，自己についての認知ということができるが，認知的な自己概念に**自己スキーマ**（self-schema）がある（Markus, 1977）。自己スキーマは，個人的な社会的経験の中に含み込まれている自己についての認知であり，情報の処理を行う際にその行動の個人差を規定するものとされる。マーカス（Markus, 1983）は，ある特定の行動領域において，これは私がしているのだという確たる感覚（feeling of personal responsibility）を経験し始めるとき，自己スキーマが出現するとしている。

　個人的経験の中で認知された自己の一般的な形での集積的な情報として自己スキーマを考えるならば，その自己スキーマの内容は個人によって異なり，したがってパーソナリティの個人差を示すと考えられる。

　マーカス（Markus, 1977）は，自己スキーマの内容における個人差が行動に与える影響を明らかにしている。マーカスは，独立性─依存性尺度による自己叙述の結果により，実験参加者の自己スキーマが独立的か依存的かに分類した。実験参加者には，その 3，4 週間後に，スクリーンに提示された形容詞が自分に合っていると判断したときは "ME" ボタンを，合っていないと判断したときは "NOT ME" ボタンを押すという課題が与えられた。その結果，独立スキーマ型の実験参加者は，依存的な形容詞より独立的な形容詞に速く反応した。一方，依存スキーマ型の実験参加者は，依存的な形容詞のほうに速く反応した。どちらのスキーマにも分類されなかった実験参加者は，依存的，または独立的な形容詞に対する反応に時間差がみられなかった。さらに，興味深い結果として，実験参加者は自己スキーマと対立する情報を与えられると，その情報処理には抵抗する（resist information）ことが示された。

　このマーカスの古典的研究は，独立性─依存性という質的な相違から自己スキーマの内容を区別したものであるが，リンヴィル（Linville, 1985）は，自己概念は，多面的であり，明確に区別され，高度に構築された複雑な構造をしていると考え，**自己複雑性モデル**（self-complexity model）を提唱した。さらに，この自己概念の複雑性は，感情や心身の健康に影響を与えるとしている（**自己**

複雑性緩衝仮説（self-complexity buffering hypothesis））。

　自己複雑性緩衝仮説から，自己概念の複雑性の高い人では，ある特定の領域の自己スキーマにおいて失敗やトラブルを経験しても，それ以外の多くの自己スキーマは影響されないので，身体的，精神的な健康に与えるネガティブな影響が緩和される。一方，複雑性が低い人は，自己スキーマが多面的に分化していないので，ストレスフルな出来事によって生じるネガティブな気分がすぐにすべての自己スキーマに広がってしまうと考えられる。自己複雑性の高低による身体的および精神的な健康への影響を検討した研究において，この仮説を支持する結果が得られているが（Linville, 1987; Dixon & Baumeister, 1991; Rafaeli-Mor & Steinberg, 2002），複雑性の高さが抑うつと関連するという結果もある（Woolfolk et al., 1995）。

　自己概念の複雑性が全般的なものか，ある領域内に限定するものなのか，自己スキーマの内容とその分化度，あるいは統合性の問題については，さらに検討する必要があると考えられる。マーカスやリンヴィルの自己スキーマの質的な相違や自己複雑性の高低に関する研究は，自己スキーマという知識の集合体からなる自己概念の個人差が行動に影響を与えることを示し，認知的なアプローチによって得られる多面的な自己概念をパーソナリティ構造とする解釈を導くものである。

9.6　可能自己

　私たちが認知する自己は，一般的には知覚される現在の自己である。その現在が過去と未来ともつながった時間的存在であるとすれば，自己形成のプロセスは，過去や未来という時間を含んだ現在に生じるダイナミックスと考えることができよう。

　マーカスとニューリアス（Markus & Nurius, 1986）は，過去や未来を含んだ「**可能自己**（possible selves）」の概念を提唱している。可能自己は，そうであった，なりたい，なりたくないと思っているという過去，未来の私を表している。可能自己は，「希望，恐怖，目標，脅威という認知から作られ（cogni

「ここでは，私は幸せ。大学卒業後の5年間，自分の国やヨーロッパの主な国々を旅行する一人暮らしのフツーの女性。この間，何とか暮らしているし，それで十分。強い一人の独立した女性として完ぺき。もうこれ以上望むものはないと思っていた……少なくとも彼（HIM）に会うまでは。彼は語彙が豊富で，たくましく，知的で，ユーモア感覚はピカー。もちろん，容姿は抜群だし，うぬぼれてもいない。私たちは激しい恋におち，情熱的なジプシーのように，旅をしながら一緒に暮らす。そして，家を見つけ，家族となり……子どもたちは愛情のこもった申し分のない環境で育っていく。」

図9.5　同性愛の女性の叙述による過去の自己イメージ（King & Hicks, 2006）

tive components），自己特有の自分に適切な形体，意味，構成であり，自己を動機づける志向性である」（Markus & Nurius, 1986, p.954）と説明される。

　可能自己の概念は，過去や未来の視点から，自己の現在形を考えることを意味している。したがって，可能自己は，個人的な出来事のその意味を決定し，現在の自分について自己評価（self-evaluation）を行うという，個人の認知や感情，行動を決定する上で重要な機能を果たしていると考えられる。キングとヒックス（King & Hicks, 2006, 2007）は，ハンディキャップを持った子どもの親や社会的マイナリティの人を調査協力者として，過去の自己イメージと思っていた自己の変化について面接調査を行い，その2年後，発達的変化についてフォローアップ調査を行っている。その結果，1回目の調査において，今の自分とは異なった過去の自己イメージ（過去の可能自己）について想起した叙述構造（図9.5）が精緻であり，その内容が心理的に豊かであった調査参加者は，2年後のフォローアップ調査において，パーソナリティの成熟がみられた。キングとヒックスは，この結果を，可能自己のパーソナリティ発達に与える能動的役割であると解釈している。

9.7　ヒギンズの自己不一致理論

　ヒギンズ（Higgins, 1987）は，現実の自己（actual self）と関係する自己と

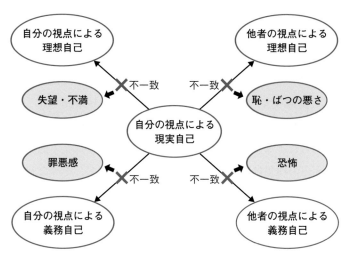

図9.6　自己不一致と感情の関係

して「理想自己（ideal self）」と「義務自己（ought self）」の2つの自己を仮定している。そして，「現実自己と理想自己」，あるいは「現実自己と義務自己」という，2つの自己の一致，不一致に関する**自己不一致理論**（self-discrepancy theory）を提唱している。

　自己不一致理論では，現実自己と理想自己，または義務自己との一致，不一致が感情と関係すると考えられ（図9.6），一致はポジティブな感情と，不一致はネガティブな感情と関係するとされる。

　理想自己と義務自己は，感情を引き起こすだけでなく，現実自己を評価し，方向づける基準となる。その結果，人は理想や義務とずれていると感じると，そのずれを低減しようと動機づけられる。このような，理想自己と義務自己の動機づけとしての働きを，ヒギンズは**自己指針**（self-guides）とよび，理想自己による促進的な動機づけ（promotion focus）と義務自己による抑止的な動機づけ（prevention focus）を説明している。すなわち，理想自己と結びついた自己指針は，ポジティブな結果に対する感受性を高め，社会的行動における

接近方略を動機づけ，義務自己による自己指針はネガティブな結果に対する感受性を高め，社会的行動における回避方略を動機づけるのである（Higgins, 1997）。ヒギンズのこの考えは，行動の回避と接近という学習心理学における概念（Miller & Dollard, 1941）と類似したものであると考えられる。

　理想自己について，オジルビー（Ogilvie, 1987）や遠藤（1992）は，そうなりたい自己とは違って，そうなりたくない自己（undesired self）を考えている。彼らの研究から得られた結果は，なりたくない自己と現実自己とのずれの程度が，私たちにとって大きな意味を持っているということであった。そうなりたいという正の理想自己と現実自己とのずれに比べて，そうなりたくない自己いう負の理想自己と現実自己とのずれのほうが，自尊感情や生活満足感により大きく影響する。なりたくないという自己は，私たちの心の中のネガティブな価値と結びついている（Ogilvie et al., 2008）。理想自己は，正負の価値感と結びついて，行動を動機づけるのである。

　ヒギンズの認知的な自己概念とそのずれに基づいた自己理論は，自己指針という動機づけの概念とも結びつき，理想自己，義務自己と現実自己とのずれという認知内容の個人差が，行動や評価の差異を生み出しているとするものである。

9.8　対話的自己

　ハーターの自己知覚，マーカスの自己スキーマや可能自己，ヒギンズの自己不一致理論，など，本章で取り上げた認知的アプローチによって得られた自己概念は，自己に関する表象の個別性を明らかにした。マーカスの可能自己やヒギンズの自己不一致理論は，個別的な自己概念間で生じた矛盾や葛藤をどのように統合していくかという自己形成のプロセスを示している。そのプロセスは，未来の目標や社会規範など，いわゆる「価値」という一般的概念が，それぞれの個別性に含まれている個別的な認知を統一するプロセスであるとみなすこともできよう。

　しかし，その状況や場面に対する知覚や認知によって生じる複数の個別性を

統合する働きを自己の働きとして仮定するかどうかが問題となる。現代の自己においては,「価値」のような自己の規準を自己の中に仮定することができるかどうかが問題となる。本章の最初で述べたように,リオタールは,現代社会における大きな物語の不在を主張している。大きな物語である一般的な価値や概念が,個別領域的な概念の上位概念であるとすれば,それは,リオタールのいう大きな物語が現代の自己においても存在することを前提としている。自己の価値を決定する規準や統一原理として,人の個人差を判断するコンセンサスとして,現代の自己は,そのような共通原理を心の中に持っているかどうかが問われることになる。

　共通原理という自己を統一するものがないとするならば,個別的原理がそれぞれの個別な領域にあり,その領域各々に応じた適応があると考えることもできよう。そこでは,大きな物語である,すべての人に共有される価値観,道徳観によって統合される自己ではなく,個別領域間の葛藤の中で共有される価値を認め,受け入れ,それに適応していくという,一極集中的でない構造化されない自己,脱構築(deconstruction; Derrida, 1972)の自己による適応へのアプローチが必要となる。

　このような自己の個別性に対する現代的アプローチに,ハーマンスの**対話的自己**の理論(Hermans & Kempen, 1992, 1993)がある。ハーマンスは,自己対面法(self-confrontation method)という調査参加者と研究者の対話を重視した方法により,自分の人生において重要だと調査参加者が考える(valuation),人や経験,目標を動機や感情の側面から分類し,病理的な人のパーソナリティ特徴を検討している。この臨床的技法から,ハーマンスは,1人の人が物語る自己の中に,さまざまな異なった世界観が並存していることを見出した。独立した論理的な考える私(I)が,自己を統一している唯一の私であり,個別的な状況によって変わる私は仮面であって,本当の私はその仮面の下にいて,どんな仮面をつけるか決めている。このような,西洋世界での伝統的な自己観に対して,ハーマンスは異を唱える。自己は,多数の自己からなり,多声的(polyphonic)であり,対話的存在であるとハーマンスは主張する(a dialogued self that is multiple and embedded in dialogue)。ハーマンスのこの対話

　「私（I）」は，状況と時間の変化に応じて，あるポジションから他のポジションへと空間のなかを移動することが可能である。「私」は，さまざまな，そしてときには相反するポジションのあいだを行ったり来たりする。「私」は，想像のうえでは，各ポジションに声（voice）を授ける力を有している。結果，両ポジション間には対話的な関係が生まれる。声は物語における登場人物とやり取りをするかのように機能する。いったん登場人物が物語のなかで動きを与えられると，その登場人物は独自の人生を帯びるようになり，語りを必要とするお膳立てができあがる。各登場人物は，独自のスタンスから経験について語るべき物語を持っている。これらの登場人物は，さまざまな声でそれぞれの「私（Mes）」や世界について意見を交換する。結果，そこには複雑な，語りによって構造化された自己の世界ができあがる。

(Hermans et al., 1992, pp.28-29; 溝上ら訳 2006, p.245)

図 9.7　対話的自己

的自己は，「ポジション（position）」という用語により説明される。私（I）は，異なった視点から理解される複数の私（I position）として物語られる（図9.7）。

　人生という物語の中に複数の登場人物が登場し，その登場人物がそれぞれに自分の声で自分の人生観を語り，その声と声が対話することで物語が生成されていく。そのようにして生成された物語は，複雑で，必ずしも調和がとれず，時には対立するという，多声性（Bakhtin, 1973）を持った人生の物語である。このような自己の多声的世界は，自己の分権的な働き（decentralization of the self）によるものであるとハーマンスはとらえている。

　溝上（2008）は，「多数の私は，単純に多数性の状態だけで存在するわけではなく，またただ数だけ増えて飽和するだけではなく，ある制約のもとに私同士の葛藤を引き起こし調整・解決する必然性を内包している」（p.351）と述べ，ハーマンスの対話的自己の概念から導かれる現代の自己形成に対するアプローチの必要性を主張している。溝上のいう必然性が，従来のような統一的な論理ではないとするならば，それはまさに，白紙からのスタートとしての身近な周りにある世界や他者との「対話」によって生まれる必然性であろう（図9.8）。

「……「この前，夜に晴海埠頭の公園でパーティーをやったんだけどとっても気持ち良かったんです」と言う。「パーティー」といっても，よくよく聞いてみれば，家やレストランを借りての，普通の「パーティー」のことではない。公共の場に，断りなく，スピーカーやターンテーブルを持ち込んで，仲間で音楽を楽しむことを「パーティー」と呼んでいるのだ。……（中略）……与えられたものを町で楽しむのではなく，自分たちで町を楽しむやり方を発見する。そんな能動的な町との係わり方。

「でも，公共の場で無断で音楽を鳴らしたりすると，警察が来たりしない？」ちょっと気になったから聞いてみると，「おまわりさんが『止めなさい』と言ったら，素直に止めます。『音がいけない』と言うのなら，音を小さくします。『ここで集まっていけない』と言うのなら，片づけて帰るか，場所を変えます」という，いささか拍子抜けする答え。

能動的に事を起そうとすれば，ルールとぶつかることもある。ルールとぶつかるなら，ルールに反抗という態度をとるか，あらかじめルールを遵守しておくか，それが僕たちの世代の選択かもしれない。でも，ルールに抗らうのでも，ルールに服従するのでもない，もう一つの別の姿勢がここにあるのではないか。この拍子抜け，実はこちらに原因があったことに思い当たった。

……（中略）……こういう姿勢にあっては，ルールはただルールに過ぎない。ルールを過大評価しない。ルールがあっての人ではない。ルールは，最初から人の内面とは別物だと言う無意識の感覚がある。……」

　　　　　　　　　　　　　　　　　　　　　　　　　　　　　　　　（青木，2003）

建築家の青木 淳氏が語る若者の姿勢には，ルールという大きな物語に根拠をおかない現代人が示されている。そこには，その場の出来事，他者との関わりから空間が決まるという根源的な感覚がある。内面世界も，このように他者と，あるいはハーマンスのいうさまざまな「Is」（複数の私）と，根源的な関わりができるならば，そこから生まれる解決策は，きっと，この青年のように親和的で平安なものであるだろう。

図 9.8　現代的自己──若者の姿勢

9.9　ジェンダー・アイデンティティ

　現代における自己形成を考える上で重要な視点の一つにジェンダー（gender）がある。ジェンダーは，文化的・社会的に作り出される性を生物学的性と概念上区別するために用いられる概念である（鈴木，2006）。

　男らしさ（masculinity；男性性）や女らしさ（femininity；女性性）という

個人差は，文化的・社会的に形成されたステレオタイプであり，生物学的性差ではないとされている。また，男である，女であるというジェンダー・アイデンティティ（gender identity）においても，「性同一性障害」が単に身体の性である性別の問題ではないように，心の性であるジェンダー・アイデンティティの成り立ちが自己形成における重要な問題であると考えられている。

　ベム（Bem, 1974）は，男らしさや女らしさの個人差要因を文化，社会的な性役割パーソナリティ特性であると考え，性役割査定質問紙（Bem Sex Role Inventory; BSRI）を開発している。

　BSRIは，「リーダーとして行動する」「積極的な」「野心的な」など20の男性項目，「愛情豊かな」「明るい」「子どもっぽい」など20の女性項目，「順応性のある」「うぬぼれの強い」「良心的な」などの20の中性項目，計60項目からなる質問紙であり，7件法による回答から得られる20項目の合計点を20で割った得点を，男性性についてM得点，女性性についてF得点とした。その結果，M得点の高い男性，F得点の高い女性は文化に強く影響されている人と解釈し，男性性と女性性の両得点が4点以上である，2つのジェンダーを合わせ持った人が精神的に健康で柔軟性のある人であるとして，アンドロジニー（psychological androgyny; 心理的両性具有）の概念を提唱した。青野（2005）が女子大生にBSRIを実施した結果では，女性型が35.0％，両性具有型が37.5％であった。

　ところで，BSRIで測定される男性性，女性性は，文化的・社会的影響によって形成されるステレオタイプであり，私たちの認知により形成されたジェンダー・スキーマ（gender schema）である。ジェンダーといういわば思い込みである男らしさ，女らしさというステレオタイプは強いものであり，私たちを文化に染まった人（Bem, 1993）としている。しかし，ステレオタイプはあくまで結果としての現象であり，事実ではない。男の力と女の愛などという表現は，あくまで文化や社会により作り上げられた言説でしかなく，神話である。男も女も，力と愛の両者を合わせ持っているのであり，個別的領域に適したパーソナリティ特性として女性性，男性性に基づいた役割行動を行っている。「育メン」は女性化した男性ではないのである。

　ジェンダー・スキーマやジェンダー・アイデンティティという自己概念の発達，すなわち男らしさや女らしさという心理的特性の発達プロセスにおいては，伝統的な精神分析理論や母子関係論において，生物学的性が重視されている。フロイトやエリクソンによる，身体構造の違いが男性と女性のパーソナリティに違いを生じさせているとする考えは，その典型である。また，女性を産み育てる性と規定し，子どもの養育における母親や母親的なるものを重視した母子関係論による母性神話も，発達における母性や父性の役割に対する生物学的性による固定的な見方を反映したものである。もちろん，現在は，このような生物学的な固定的な見方ではなく，文化や社会の変化によって変成するジェンダーを視座としたジェンダー研究（ジェンダー心理学やフェミニスト心理学）が多く行われている。

　ジェンダー・スキーマやジェンダー・アイデンティティの成立のプロセスに遺伝的要因と環境的要因がどのように関わっているのか，佐々木ら（2009）は，BSRI 日本語版（安達ら，1985）を用いて，男性性と女性性に与える遺伝，共有環境，非共有環境の効果を，一卵性双生児のペア，二卵性双生児の同性ペアと異性ペアの類似性の比較から検討している。その結果，遺伝と共有環境の効果に性差はなく，非共有環境の効果には性差がみられた（図 9.9）。男性性，

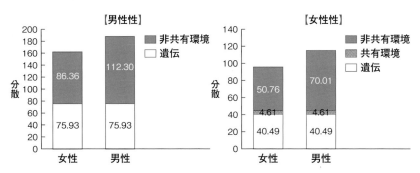

図 9.9　**男性性（左），女性性（右）に与える遺伝と環境の男女別効果**（佐々木ら，2009）

女性性は，ある程度遺伝によって説明できるが，性差がみられなかったという佐々木らの結果は，性役割パーソナリティの個人差が遺伝的に違っているからだという説明を否定するものである。非共有環境には性差がみられ，男性のほうが女性より環境分散が大きく，男性のほうが環境の影響を受けやすいことを示している。

9.10　まとめ

　本章では，精神分析学から現代的自己まで，自己の概念の変化を概括すると同時に，自己形成における自己の役割とそのダイナミックスについて考察した。

　そこでは，精神分析学における自我や自己の働きとして明確に示されている，一極集中的な，全体的で統一的な自己の働きから，心理学における自己への認知的アプローチによって示される自己の多次元的で多面的な構造とその分権的な働きへの変化が取り上げられた。

　ハーマンスの対話的自己やフェミニスト心理学におけるジェンダー・アイデンティティは，現代社会における臨床的な，あるいは社会的なリアルな自己の問題である。したがって，これらの自己へのアプローチは，現代社会における自己への実存的なアプローチであり，ポストモダン以後の現代社会に暮らしている「私」の心の葛藤を反映したものであるととらえることができよう。

参 考 図 書

野田 俊作（2016）．アドラー心理学を語る1　性格は変えられる　創元社

　日本におけるアドラー心理学の第一人者による実践講座の一冊。性格とはこれまでの経験を通して作り上げてきた自己に対する信念であり，「性格を変えたい」と願うのではなく，過去の自己を手放して行動できれば性格は変わるとしている。

パーソナリティの認知的側面

10

　「木を見て森を見ず」ということわざは，本来は物事の一部に注意をとられて全体を見失ってしまうことを意味する。しかし，時には物事の全体より細部に注意を払うことが必要な場合もある。また同じ対象を見ても，部分的な特徴に注目するか，全体に注目するかという認知的な傾向に個人差があることも知られている。

　認知（cognition）という用語は，知覚，判断，推論，意思決定，記憶，問題解決，言語理解など，人が行うさまざまな情報処理を指す。人が環境の中で適応的に行動するためには，自己や他者を含む環境の情報を認識し，それらの情報に基づいて適切な行動を決定する認知の働きが不可欠である。言い換えれば，自分を取り囲む世界をどのように認知しているかということが，その世界の中でどのように行動するかを決定する。この章では認知的側面からパーソナリティをとらえようとする理論や方法を紹介する。

10.1 ケリーのパーソナル・コンストラクト理論

　ケリー（Kelly, G. A.）は，人々の行動の根底にある認知の働きに注目し，その個人差からパーソナリティを理解しようとした。ケリーのパーソナル・コンストラクト理論によれば，人は生活の中で経験するさまざまな出来事を秩序立てて理解するための仮説的な枠組み（コンストラクト）を構成し，その枠組みに沿って将来の出来事を予測するという科学者のような営みを行っている。つまり，コンストラクトは人がそれぞれ持っている，物事を見るためのレンズのようなものであり，同じ出来事を経験しても人によってその出来事に対する解釈やその後の行動が異なるのは，このコンストラクトの構造が人によって異なるためである。

　ケリーは，人が自己や他者を理解するためにどのようなコンストラクトを用いているかをとらえるために，**ロール・コンストラクト・レパートリー・テスト（レプテスト）**という方法を考案した[1]。レプテストでは，まず 20〜30 個の重要な役割（ロール）を提示して，それに該当する実在の人物（エレメント）をあげてもらう。このリストには，自分，母，父，きょうだいや恋人，配偶者など多くの人々にとって重要だと思われる役割の他に，特に被検者（テストを受ける人）にとって重要だと思われる役割を含めることも可能である。次にそれらの人物の中から何種類かの 3 人組を提示し，そのうち 2 人に共通する特徴（類似コンストラクト）と，残りの 1 人だけが持っている特徴（対比コンストラクト）を考えてもらう。さらに 3 人以外の人物については，類似コンストラクトがあてはまるかどうかを答えてもらう。この 3 人の組合せも，被検者に合わせて設定することができる。

　表 10.1 は回答例の一部である。この回答からは，〇子さんが自分自身を「気むずかしくて慎重に行動する」ととらえていることや，「明るい」というコンストラクトが〇子さんの対人認知において多く用いられること，母親や同性のきょうだいと自分とは違うと感じているらしいことなどがわかる。このようにレプテストの結果からは，対象人物をどのように認知しているかということに加えて，自己や他者を表現するためのコンストラクトの豊富さやそれぞれのコンストラクトが適用される範囲の広さなど，その人独自のコンストラクトシステムの特徴を読みとることができる。

　ビエリ（Bieri, 1955）はコンストラクトシステムの複雑さに注目し，**認知的複雑性**という指標を数量的に算出する方法を考案した。ビエリの方法では，ある対象人物について複数のコンストラクトに対してあてはまるかどうかを答えてもらい，他の人物に対するあてはまりのパターンと比較する。対象人物によってあてはまりのパターンが異なるほど，人物認知におけるコンストラクトが分化しており，認知的複雑性が高いことを示す。認知的複雑性が高い人は他者

---

[1] （レパートリー・）グリッド法とよばれることもある。マーケティング研究で商品イメージをとらえるのに用いるなど，人間以外の対象をコンストラクトとして実施することも可能である。

表 10.1 **レプテストの回答例**（著者が例として作成したもの）

役割リスト / 人物 実際の	1 自分	2 母親	3 父親	4 同性のきょうだい	…	…	…	17 嫌いな先生	18 配偶者	19 気の毒な人	20 知的な人	類似コンストラクト（⊗の特徴）	対比コンストラクト（○の特徴）
	○子	A子	B郎	C子	:	:	:	W先生	Xさん	Yさん	Zさん		
1, 2, 4	○	⊗	✓	⊗		✓	✓	✓	✓	✓		明るい	気むずかしい
3, 10, 17			⊗	✓			○		⊗			頭が良くて自信がある	自信がない
2, 9, 10	○	✓		✓	⊗	⊗		✓			✓	思いつきで行動する	慎重
:													

注：3人以外の人物で類似コンストラクトがあてはまる人には✓をつける。

の行動を正しく予測することができるという結果が得られている。

　このように，レプテストでは研究者があらかじめ決めた形容詞をコンストラクトとして用い，すべての対象人物が各コンストラクトに「どの程度あてはまるか」を評定してもらうこともできる。この方法では因子分析など多変量解析を用いた分析が可能になり，それに応じた認知的複雑性の指標も検討されている（林，1976; 坂元，1988; 山口・久野，1994）。これはケリーが当初意図したような個性記述的なパーソナリティ理解の方法とは異なるが，多くの人々のコンストラクトシステムの特徴を共通の指標によって測定し，比較するという定量的なアプローチを行うことができる。

　ケリー自身は，コンストラクトシステムがどのように発達するかについて言及していないが，一般には成長に伴ってシステムの分化・統合が進むと考えられている。また，成人のコンストラクトシステムも固定的なものではない。特にこれまで経験したことがないような文脈の中では，既存のシステムに基づいた予測が役に立たないこともありうる。こうした場合には新しい文脈に対応で

きるようにシステムの変化が起こると考えられている。

　ケリーの理論は，対人認知における個人差を理解する上で重要な視点を提供し，近年の社会的認知研究の基礎にもなっている。

10.2　認知スタイル

　認知スタイル（cognitive style）とは，人がさまざまな情報を処理する際にみられる特徴的なやり方や好みを指す。1950 年代から始まった認知スタイル研究では，これまでに数十種類のスタイル概念が提唱されているともいわれる。

　場依存―場独立（field dependence-field independence）はもっとも早くから研究が始まった認知スタイル概念の一つである（Witkin & Goodenough, 1981）。これは，ある対象を認知する際に，その対象を取り囲む知覚的な場の影響を受けにくいか，反対に場の手がかりに頼りやすいかという個人差から概念化されたスタイルである。ロッド・アンド・フレーム・テスト（Rod and Frame Test; RFT）はこの認知スタイルを測定するための検査で，被検者は傾いた枠（フレーム）の中に見える棒（ロッド）を垂直に調整するように求められる（図 10.1）。

　この課題は暗室の中で行われ，枠と棒だけが光って見える。つまり被検者が垂直を知覚する際に，枠組みという外的な手がかりに依存するか（場依存），

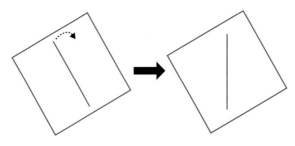

図 10.1　ロッド・アンド・フレーム・テスト

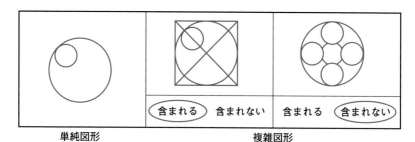

単純図形　　　　　　　　　　　　　　　　複雑図形

図 10.2　**埋没図形テスト**（著者が例として作成したもの）

自分の身体感覚という内的な手がかりを用いるか（場独立）の個人差をとらえる課題である。枠の角度をさまざまに変えて垂直定位を行い，被検者が調整した棒の傾きが実際の垂直から大きくずれていれば場依存型，垂直に近ければ場独立型とされる。さらに，被検者が座っている椅子も傾けられるような装置を使って同様に垂直定位を求める方法もある。

　埋没図形テスト（Embedded Figures Test; EFT）では被検者に単純図形を示し，それが複雑図形の中に含まれているかどうかを判断させる。図 10.2 のように単純図形は複雑図形の中に埋め込まれているため，この判断を行うためには複雑図形に影響されず，単純図形だけを取り出すことが必要である。この判断が困難で時間がかかるほど場依存的であるとされる。

　後に場依存─場独立は知覚場面でみられる個人差を表すだけではなく，対人的な行動の特徴とも関連していることが見出された。場依存的な人は他者への同調傾向が高く，人とともに行動することを好み，場独立的な人は独立した活動を好むとされる（水口，1988）。

　熟慮─衝動（reflection-impulsivity）はケイガンら（Kagan et al., 1964）によって提唱された認知スタイル概念で，ある問題に対する正答が不確かな場合に，自分の答えをどの程度慎重に吟味するかの程度を示す。ケイガンらが考案した**同画探索検査**（Matching Familiar Figures Test; MFFT）は，複数の選択肢の中から見本の絵と同じものを選ぶという課題である（図 10.3）。選択肢の絵はそ

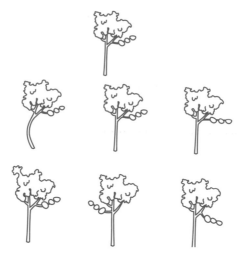

図 10.3　**MFFT の図版**（Kagan, 1966 より）

れぞれ少しだけ見本と異なっているため，十分に吟味しないと誤答になりやすい。もし間違った場合は正しく答えられるまで同じ絵について反応が続けられるため，十分に吟味しないで反応しがちな人では反応は早いが誤答数が多くなり，慎重な人では誤答数は少ないが反応が遅くなる。この課題では初発反応時間と誤答数の中央値によって被検者をそれぞれ 2 群に分け，その組合せから，反応時間が短く誤答が多い人を衝動型，反応時間が長くて誤答が少ない人を熟慮型と分類する。また被検者を分類するのではなく，反応時間と誤答数から衝動性および反応効率性の指標を算出する方法も報告されている（Salkind & Wright, 1977）。この場合，衝動性は高いほど衝動的な反応傾向があることを表す認知スタイルの次元であり，効率性は反応が早く誤答数が少ないか，反応が遅く誤答数が多いかという能力的な次元を表す。

10.3　学習スタイル

学習場面においてみられる認知的アプローチの個人差は**学習スタイル**

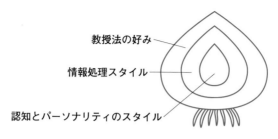

図 10.4　カリーのオニオン・モデル

（learning style）とよばれ，効果的な学習のためには個人の学習スタイルとそ
れに適した教授方法の組合せが好ましいとされる。カリー（Curry, 1983）は，
数多く提唱されている認知スタイルや学習スタイルを統合的に理解するために，
認知スタイル（カリーによれば「認知的なパーソナリティスタイル」），情報処
理スタイル，教授形式の好みという 3 層から学習モデルを理解するためのオニ
オン・モデルを提唱している（図 10.4）。

　なお，認知スタイルや学習スタイルは認知的な処理や学習を行う上で人が好
んで用いる様式であって，両極型のスタイルのどちらか一方が常に優れている
というわけではないことに注意しておく必要がある。

10.4　思考スタイル

　スタンバーグ（Sternberg, 1997 松村・比留間訳 2000）は，認知・パーソナ
リティ・学習に関するスタイルの理論を統合して思考スタイル（thinking
style）という概念を提唱している。認知スタイルや学習スタイルと同様に，
思考スタイルも能力ではなく能力の使い方の好みである。この思考スタイルは
機能・形態・水準・範囲・傾向の 5 つの側面から定義され，スタンバーグ–ワ
ーグナー思考スタイル質問紙によって測定することができる（表 10.2）。各ス
タイルの項目群に対する回答の得点が高いほど，そのスタイルの特徴を強く持

表 10.2　**思考スタイルの分類とスタンバーグ–ワーグナー思考スタイル質問紙の項目例**
(Sternberg, 1997 松村・比留間訳 2000 より作成)

次元／分類	スタイルの特徴と質問項目の例
機能	
立案型	物事を行う際に自分のやり方を探すのが好きで，事前に構造化されていない問題を好む。 「自分なりの解決方法を試すことができる問題は好きだ」
順守型	規則に従うことや，構造化されている問題を好む。 「指示に従って仕事をするのは楽しい」
評価型	規則や手続き，既存のアイデアを分析・評価することを好む。 「正反対の考え方や対立する意見を検討して，評価しようとする」
形態	
単独型	一つのことに専念し，やり遂げようとする。 「一度に一つの仕事に集中しようとする」
序列型	目標の階層を持ち，優先順位を正しく決められる。 「やるべきことに優先順位をつけてから，行うようにしている」
並列型	複数の目標を同時に達成しようとする。 「複数のことを同時に，行ったり来たりしながらやり続けようとする」
任意型	いろいろな目標や欲求に（一見でたらめに）向かっていく。 「やるべきことがたくさんあるときは，最初に思いついたことから始める」
水準	
巨視型	比較的広範で抽象的な問題を扱うことを好み，細かい具体的なことは無視する傾向がある。 「物事の詳細にはあまり注意を払わないほうだ」
微視型	細かい作業が必要な，具体的な問題を好む。 「課題に関連する詳細な情報を集めることが好きだ」
範囲	
独行型	内向的・課題志向的で一人で働くことを好む。 「他の人に相談せずに，仕事を全部やり遂げようとする」
協同型	外向的・人間志向型で人と一緒に仕事することを好む。 「何かを決めるときは，他の人の意見を考慮しようとする」
傾向	
革新型	既存の規則や手続きを変化させたり，あいまいな場面を探求するのを好む。 「これまでのやり方を変えて，解決方法を改善しようとする」
保守型	既存の規則と手続きに固執して変化を最小にし，あいまいな場面を避ける。 「何かを任されたとき，過去に使われた方法と考えに従おうとするほうだ」

っていると解釈される。しかし認知スタイルとは違い，人は1つのスタイルに分類されるのではなく，いくつかのスタイルの組合せから構成されるスタイルのプロフィールを持つと考えられている。

　スタンバーグによれば，学校での専攻や職業を決める際には能力だけではなく，スタイルについても考慮するとよい。そこで必要とされる学習や仕事のやり方に適合するスタイルを持っていれば，いっそう能力を発揮できるからである。またスタイルにはある程度の柔軟さがあり，課題に合わせて変えたり，学習によって身につけたりすることもできるとされている。

10.5　潜在連合テスト

　潜在連合テスト（Implicit Association Test; IAT）はグリーンワルドら（Greenwald et al., 1998）が開発した手法で，質問項目に対する自己報告では明らかにできないような，ある概念に対する潜在的な態度をとらえることができるといわれている。図 10.5 はバナージとグリーンワルド（Banaji & Greenwald, 2013 北村・小林訳 2015）で紹介されている，「花―虫」と「良い意味（快）―悪い意味（不快）」の概念を用いた潜在連合テストの例である。

　このテストでは，(a) と (b) でリストの単語をすべて分類するためにかかった秒数と間違いの個数を足した数値を算出し，その数値が小さいほうが，同じ反応を求められる概念同士の結びつきが強いと判断される[2]。バナージによれば，おそらく多くの人では虫と不快感情，花と快感情の結びつきが強いため，(a) の課題より (b) の課題のほうが早く正確に行えるが，虫を非常に好む人（昆虫学者など）では逆の結果になると予測できる。このように，潜在連合テストでは直接尋ねないで概念に対する態度やイメージを調べることができるため，人種に対するイメージやジェンダー観のように，ありのままに回答することに抵抗が生じそうな概念を調べる際に有効とされている。

---

[2] 制限時間内に回答できた単語数を指標とする方法や，課題をコンピュータで実施して所要時間を測定する方法もある。

それぞれの説明を読み，例に従って残りの単語をできるだけ早く分類してみましょう。

(a) 虫または良い意味の単語には左の欄に✓を入れ，花または悪い意味の単語には右の欄に✓を入れて下さい。

(b) 虫または悪い意味の単語には左の欄に✓を入れ，花または良い意味の単語には右の欄に✓を入れて下さい。

虫または 良い意味		花または 悪い意味
✓	ハチ	
	毒	✓
	チューリップ	✓
✓	楽しむ	
	バラ	
	天国	
	ラン	
	やさしい	

虫または 悪い意味		花または 良い意味
✓	ハチ	
✓	毒	
	チューリップ	✓
	楽しむ	✓
	バラ	
	天国	
	ラン	
	やさしい	

図 10.5 虫―花と，良い意味（快）―悪い意味（不快）の2つの概念を用いた潜在連合テスト（Banaji & Greenwald, 2013）

表 10.3 対人不安を測定する潜在連合テストで用いられた単語の例（藤井，2013より作成）

[自己]	自分	私	我々
[他者]	友人	他人	知り合い
[不安な]	心配な	自信がない	おくびょうな
[冷静な]	穏やかな	落ち着いた	気楽な

　潜在連合テストは，パーソナリティを測定する際にも用いられる。たとえば，対人不安（他者から評価される可能性のある場面で感じる不安）を測定する潜在連合テストでは，「自己―他者」と「不安な―冷静な」という2つの概念の組合せが用いられた（藤井，2013；表10.3）。

　さらにこの研究では，①対象者自身がふだんどの程度不安を感じているか（特性不安の自己評定），②友人または恋人から対象者がふだんどの程度不安を感じているように見えるか（特性不安の他者評定）と，③友人または恋人から

見て失敗したときに他の人に注目されてどの程度不安に感じそうか（状態不安の他者評定）の3つについて質問紙で尋ねた。

　この結果，潜在連合テストで測定した対人不安の程度が強い人ほど③が高いことがわかった。③は対象者のことをよく知っている他者が想像する状態不安であり，対象者の行動をある程度正確にとらえた客観的な指標だと考えられる。したがってこの結果は，自己評定より潜在的な指標（IAT）のほうが客観的な行動の予測において有効な場合があると解釈できる。潜在連合テストは個人差に敏感な指標とされており，他にもシャイネス（対人場面で不安になりやすく行動を抑制する傾向）や自尊感情など，他のパーソナリティ特性を測定する方法として用いられている（藤井・相川，2013; 小塩ら，2009）。

10.6　ミシェルとショウダの認知的・感情的パーソナリティシステム

　かつて，ミシェル（Mischel, 1968 詫摩監訳 1992）がパーソナリティの定義にある「行動の一貫性」という考え方に疑問を示し，行動に及ぼす状況の影響力を指摘したことから，行動の個人差を決定するのは「人か状況か」という極端な議論が起こった。しかし，その後の「人も状況も」という相互作用論では，人と状況の相互作用のパターン，すなわち特定の状況にそれぞれの人がどのように反応するかのパターン（パーソナリティ徴候）が行動の個人差をもたらすと考えられる。

　ミシェルが注目したのは，人が自己や他者を理解する際にみられる認知の個人差（社会認知的個人変数）であり（表10.4），それが状況と行動の組合せパターンという形で行動に一貫性をもたらすと考えられる。

　さらに，ミシェルとショウダ（Mischel & Shoda, 2005）は，これらの認知や感情の特徴（認知・感情ユニット）がどのように関連づけられ，組織化されているかを表すモデルとして**認知的・感情的パーソナリティシステム**（Cognitive Affective Personality System; CAPS）を提唱している。

　このモデルでは，状況の中のある要素に対して特定の認知・感情ユニットが活性化され，その結果何らかの行動が起こると考えられている。どのような要

素に対してどのようなユニットが活性化されるかは個人内で安定しており，このパターンが，それぞれの状況における個人の行動に一貫性をもたらすパーソナリティ構造である（図10.6）。

表10.4　社会認知的個人変数

符号化（解釈）	出来事や行動をどのように分類・評価するか。
予期・信念	行動の結果，どのようなことが起こりそうと予測するか。
感情	出来事や行動に対してどのような感情反応が起こるか。
目標・価値	何を求めるか・そのことにどのような価値を置くか。
能力・自己制御	どのように計画をたて，どのような行動を行いうるか。

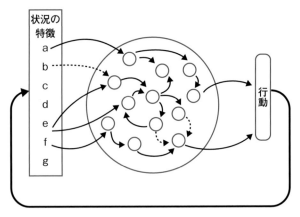

図10.6　ミシェルとショウダの認知的・感情的パーソナリティシステム
（Mischel & Shoda, 2005）
状況に含まれる特徴が特定の認知的・感情的ユニットを活性化（実線）または抑制（破線）させる。こうしたユニット間の相互作用が行動を生成する。このネットワークは安定しており，個人を特徴づける。

10.7 ま と め

　本章では，認知の特徴からパーソナリティを理解するための方法を紹介した。質問紙による自己報告法に比べると，実際に何らかの認知的作業を行う課題のパフォーマンスは意図的な操作が行いにくく，ゆがみの少ない結果を得られることが期待できる。その結果を適切に評価できる基準がきちんと作られていれば，こうした認知的な課題はパーソナリティを客観的に評価できる手段として非常に有効である。現在でも人事採用や配置の際に参考にされる内田クレペリン検査（BOX 10.1）はその代表例であろう。

　しかし一方で，このような認知的な特徴が特定の課題場面で観察されるものである場合には，それが他の状況でみられる行動とどの程度関連しているかに留意しておく必要がある。中には場独立―場依存のように，知覚場面における特徴を超えて，対人的行動や適した外国語学習の形式などとの関係まで広く検討されているものもあるが，多くは課題状況に似た場面での行動に対して限られた予測力を持つと考えるべきであろう。また，他のパーソナリティ特性のように生物学的な基盤まで検討されているものも少ない。こうした点に注意した上であれば，これらの個人差は，特定の状況で自分がどのような強みと弱みを

BOX 10.1　内田クレペリン検査

　内田クレペリン検査は1桁の数字の加算作業を連続的に行わせるもので，前半・後半それぞれ15分間の計算量から，その人の全般的な行動傾向を理解しようとするものである。1分ごとの計算量の推移を示すと，前半では次第に計算量が少なくなって終了前にやや回復するゆるやかなU字型の作業曲線を示し，休憩後の後半開始直後は計算量が大きく回復するが，その後次第に減少するというプロフィールを示す人が，安定して仕事のできる落ち着いたパーソナリティの持ち主だと考えられる。他にも全体的な計算量の水準や誤答の多さ，1行ごとの計算量にどの程度ムラがみられるか，といった観点を考慮し，パーソナリティを類型的に把握する方法が提唱されている。

持つのかを理解する上で有効な手段として利用できるだろう。

参 考 図 書

日本認知心理学会（監修）箱田 裕司（編）(2011)．認知の個人差　北大路書房

　イメージ能力，大脳機能，遺伝，自閉症スペクトラムなど多様な観点から認知の個人差という現象を概観できる一冊。

**ケリー, G. A. 辻 平治郎（訳）(2016)．パーソナル・コンストラクトの心理学
　　　第 1 巻──理論とパーソナリティ──　北大路書房**

**ケリー, G. A. 辻 平治郎（訳）(2018)．パーソナル・コンストラクトの心理学
　　　第 2 巻──臨床診断と心理療法──　北大路書房**

　膨大なケリーの著書の初めての訳本である。さまざまに訳されてきたケリー独特の用語について，丁寧に説明されている。

パーソナリティと知能・情動知能

11

　第10章で紹介したスタイルの概念が，認知機能における個人差の中でも「どのように物事を認識するか」という様式に注目しているのに対して，知能のような能力の次元では個人が「どのぐらいよくできるか」に注目する。従来の知能研究では問題解決の速さや正確さ，ある領域における知識の量などを知能検査によって測定したり，学業や仕事の成績との関連を調べたりする研究が行われてきた。また近年では，自分や周囲の人の感情を適切に認識し，行動にうまく役立てられる能力を情動知能とよび，多くの研究が行われている。

11.1　知能の構造に関する理論

　認知的な能力の個人差に対する関心は，ゴールトンの研究に遡る。ゴールトン（Galton, F.）は進化論を提唱したダーウィンのいとこで，身体的な特徴やさまざまな能力を測定し，相関やパーセンタイルなどの統計的手法を用いてそれらの個人差や遺伝の影響に関する研究を行った。これらの指標の中には，重さの弁別などの感覚的能力や連想の速さ，イメージの鮮明さなどの認知的な能力に関する指標が含まれていた。その後1905年にビネー（Binet, A.）とシモン（Simon, T.）によって最初の知能検査が作成されて以来，「知能」を構成する能力を明らかにし，またそれらの能力を測定する検査を作成するための研究が行われてきた。

　知能の構造については，いくつかの理論がある。スピアマン（Spearman, C. E.）は，国語・数学・理科・英語など異なる科目の成績の間に相関関係があることから，科目固有の要素とは別に「全体的な頭の良さ」ともいえる共通の要素があるのではないかと考えた。この要素は知能の一般因子（g因子）とよば

れている。

　これに対してサーストン（Thurstone, L. L.）は多くの課題の成績を用いて因
子分析を行い，知能には空間的能力，数的能力，言語理解力，知覚的能力，推
理的能力，語の流暢さ能力，記憶能力という独立した要素があると主張した。
ギルフォード（Guilford, J. P.）はさらに詳細に，情報への操作（認知，記憶，
拡散的思考，収束的思考，評価），情報の種類（視覚，聴覚，象徴，意味，行
動），操作によって得られる所産（単位，類，関係，体系，変換，包含）の 3
次元の組合せによって知能の因子を想定した立方体モデルを提唱した（図
11.1）。

　一方，キャッテル（Cattell, R. B.）はサーストンの知能因子から 2 つの高次
因子を取り出している。**結晶性知能**はそれまでの経験によって形成された一般
知識や単語理解の能力であり，**流動性知能**は新しい場面に適応する際に必要と
なる，いわゆる頭の回転の速さに相当する能力である。

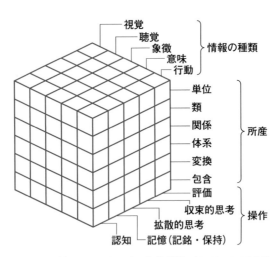

図 11.1　**ギルフォードによる知能構造**（Guilford, 1988）

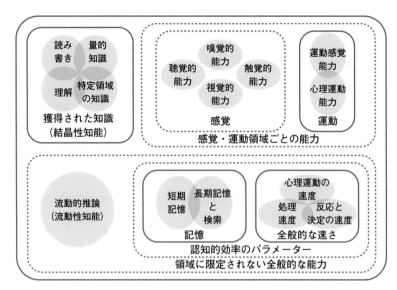

図11.2 CHCモデルであげられている能力の概念的グループ（破線）・機能的グループ（実線）

　近年では，知能の構造に関するモデルとして CHC（Cattell-Horn-Carroll）モデルが提唱されている。これはキャッテルとホーン（Horn, J. L.）の流動性知能・結晶性知能の理論と，キャロル（Carroll, J. B.）の知能の3層理論（一般因子 g，幅広い知能，特定の狭い知能）を統合したもので，これまでに定義されてきた知能の要素が図11.2と表11.1のようにまとめられる。この図では，機能的に関連のある要素（例：短期記憶と長期記憶）は重複した楕円で示されて実線で囲まれており，概念的にまとめられる要素は破線で囲まれている（Schneider & McGrew, 2012）。CHCモデルはこれまでに作成されてきた知能検査の結果を解釈する際に用いられるだけでなく，このモデルに準拠した知能検査も作成されるようになってきている（三好・服部, 2010）。

表 11.1　CHC モデルであげられている能力の内容

	流動的推論	これまでの知識や習慣では解決できないような新奇な問題を解決するために行われる。これは，帰納的推論（現象を観察して，隠れた法則や原理を発見する能力）や演繹的推論（すでにある法則や原理から論理的に行う推論），数的推論などを含む多次元的な概念で，スピアマンが提唱した知能の一般因子 g に近いと考える研究者もある。
記憶	短期記憶	情報の符号化・保持・操作を行う能力で，その記憶容量や，情報の切替え・抑制更新を行うワーキングメモリの効率。
	長期記憶と検索	短期記憶よりも長い情報の保持やその検索の流暢さに関わる能力。
速度 全般的な	処理速度	単純な認知課題を素早く流暢に行う能力。
	反応と決定の速度	単純な意思決定や判断の速さ。
	心理運動の速度	身体運動の速さや流動性。
獲得された知識	理解の知識	その文化において重要な知識やスキルの深さや広さで，主に言語理解のための能力。
	特定領域の知識	その人がそれまでに経験した中で培われた特殊な知識の深さや広さで，外国語，手話，地理，化学，機械，対人行動などに関する知識が含まれる。
	読み書きの知識	書かれた言語に関連する知識やスキルの深さや広さ。
	量的知識	数学に関連する知識の深さや広さで，数的な知識や計算の速さ，問題解決のために数学を用いる能力。
感覚・運動領域の能力	視覚的能力	問題解決のために視覚的なイメージを用いる能力。
	聴覚的能力	音から意味のある非言語的情報を検出し，処理する能力。
	嗅覚的能力	匂いから意味のある情報を検出し，処理する能力。
	触覚的能力	触覚から意味のある情報を検出し，処理する能力。
	運動感覚能力	自己受容性感覚（自身の体内で生じた感覚）から意味のある情報を検出し，処理する能力。
	心理運動能力	正確かつ協調のとれた身体運動（指，手，足などを動かす）を行う能力。

11.2　知能の測定

　パーソナリティテストが「ふだんどのように行動するか」を尋ねる典型値検査であるのに対して，ほとんどの知能検査は，時間内にどれだけ多くの問題に正解できるかを指標とする最高値検査である。**知能指数**（Intelligence Quotient; IQ）は検査で測られた個人の知的能力が集団の中でどのような位置

BOX 11.1　ワーキングメモリおよび実行機能における個人差

　ワーキングメモリ（working memory）は，実行機能など認知の個人差を検討する観点として近年注目されており，また図 11.2 と表 11.1 で紹介したように知能を構成する要素の一つであると考えられている。

　バドリー（Baddeley, A.）によれば，ワーキングメモリとは，さまざまな情報に対して認知的な操作を行っているときに，それらの情報を一時的に保持する機能を指す。ワーキングメモリは，言語情報を音として保持する音韻ループ，対象の視覚的・空間的な情報を保持する視空間スケッチパッド，長期記憶から既存の知識を活性化させて現在の情報処理と統合させるエピソード・バッファ，そしてこれらの下位システム間の調整を行い，適切な行動を実行する中央実行系から構成される（Baddeley, 2000）。この中央実行系は，注意の切替えや維持，情報の更新などを含む**実行機能**（executive function）とよばれる認知的な機能とほぼ同じ働きを指す。

　ワーキングメモリを測定できると考えられている課題は多様である。読み上げられた数列を再生する数唱課題や，同じく読み上げられた文章題に答える計算課題は，既存の知能検査にもしばしば含まれている。他にも，文章を読み上げてその文中の単語を後に再生させるリーディングスパンテスト（苧阪・苧阪，1994）や，数式の正誤判断と単語記憶を同時に行わせるオペレーションスパン課題，文字の系列を提示して今提示されている文字が n 個前の文字と同じかどうかを判断させる n-back 課題などがある。オペレーションスパン課題と n-back 課題はパソコンで実施できるプログラムが作成されている（久本・関口，2011）。近年では，これらの方法で測定されるワーキングメモリの個人差がどのような神経学的基盤を持つのかについて研究が進められている。

にあるかを相対的に示すための数値であり，IQ＝100 が集団内での平均を表す。知能指数を算出する方法は主に次の 2 つである。

比率 IQ は，$\dfrac{\text{精神年齢}}{\text{生活年齢}} \times 100$ で算出される。精神年齢は検査で何歳相当の得点をとったかで示され，生活年齢は実際の年齢である。したがって，もし 10 歳の子どもが 12 歳相当の得点をとれば IQ＝120 となる。

一方，偏差 IQ は，$\dfrac{\text{個人の得点} - \text{該当集団の平均得点}}{\text{該当集団の標準偏差}} \times 15 + 100$ の式を用いて算出され，個人の得点が，該当する年齢集団の平均得点からどの程度離れているかがわかる。

1 回の検査で真の能力が測定できるのかという疑問に対しては，信頼区間という指標が用いられる。たとえば，ある検査で IQ＝100 という数値の 90％の信頼区間が 95〜105 であるという場合，その人の真の能力は 90％の精度で 95 から 105 の間にあるだろうと推測することができる。

IQ は知的能力を示す数値として，高ければ「良い」，低ければ「悪い」という価値的な判断を受けやすく，また教育や福祉の場面では，検査を受けた人が必要な支援を受けられるかどうかの判断材料ともなるため，検査は正確に実施し，その結果を慎重に用いる必要がある。

11.3　適応システムとしての知能

知能を構成する個々の能力に注目し，それらを測定できる検査を作成するという構造論的な立場とは異なり，人が環境に適応するための複雑なシステムとして知能の全体をとらえようとする研究者もある。

スタンバーグ（Sternberg, R. J.）による知能の鼎立理論（triarchic theory of intelligence）は，3 種類の知能に関する 3 つの下位理論から構成されている。1 つ目は知的行動の基礎となる分析的知能に関する要素理論，2 つ目は新しい課題をうまく遂行する創造的知能に関する経験理論，そして 3 つ目は情報処理の要素を現実世界に応用する実用的知能に関する経験理論である。そしてこれ

らの能力における自分の強さと弱さを認識し，3つの能力をバランスよく用い
て環境に適応したり，また環境を選び，時には自分の能力に合わせて環境を改
変したりすることで，自分にとっての人生の成功を得ることが，スタンバーグ
の言う「サクセスフル・インテリジェンス」なのである。

　またガードナー（Gardner, 2000 松村訳 2001）は，知能とは人が生きている
文化の中で価値のあるものを生み出したり，問題解決を行ったりするための情
報処理の力であると定義した。この定義によれば，たとえば作曲や彫刻なども
知能の表現とみなされる。彼の**多重知能理論**（Multiple Intelligences; MI）では，
従来の知能検査で測定されうる言語的知能，論理数学的知能に加えて，芸術的
な能力に関わる音楽的知能，身体運動的知能，空間的知能，個人的知能とよぶ
対人的知能，内省的知能の7つの能力を提唱し，後に博物的知能，霊的知能，
実存的知能を追加できるのではないかと述べている（Gardner, 2012；表 11.2）。

表 11.2　ガードナーの多重知能理論

言語的知能	話し言葉や書き言葉への感受性，言語学習能力，目標のために言語を用いる能力。
論理数学的知能	数学的な操作の実行，問題の論理的分析や科学的究明の能力。
音楽的知能	音楽の演奏，作曲，鑑賞の能力。
身体運動的知能	問題を解決したり，何かを作り出すために身体全体や身体部位を使う能力。
空間的知能	広い空間や，もっと限定された空間のパターンを認識して操作する能力。
対人的知能	他人の意図や動機づけ，欲求を理解して，他人とうまくやっていく能力。
内省的知能	自分自身を理解する能力。自分自身の欲望や恐怖，能力を含めて自己に関する作業モデルを持ち，自己の生活を統制するために情報を効果的に用いる能力。
博物的知能	対象をある種類のメンバーだと認識し，そのメンバー間を区別し，他に似た種の存在を認識し，そして複数の種の間の関係を図示する能力。
霊的知能	霊的な領域の知識を持ち，霊的な状態に達することができる能力。
実存的知能	宇宙の深奥に自らを位置づけ，それに関連して，人生の意義，死の意味，物理的・心理的な世界の究極の運命，人を愛したり芸術作品に没頭するなどの深遠な経験といった，人間的な条件の実存的特徴との関係に自らを位置づける能力。

BOX 11.2　社　会　脳

　情動の認知や複雑な意思決定を行う脳の部位（前頭葉や扁桃体）をブラザーズ（Brothers, L.）は社会脳（social brain）と呼んだ。ダンバー（Dunbar, R. I. M.）は，さまざまな霊長類の一般的な生活集団のサイズと，大脳中に占める前頭葉の割合との関連を調べ，集団が大きくなるほど前頭葉の割合が大きくなることを示している。集団が大きくなると個体同士の相互作用もそれだけ複雑になり，それを支える大脳構造や機能が必要になることが想像できるが，この結果はそれが前頭葉である可能性を示している。

　また，これらの能力の中で，現実社会において適応的に行動するために特に重要なのは，他人の意図や欲求を理解して他人とうまくやっていく対人的知能や，自分自身をよく理解して生活をうまく統制する内省的知能だとしている。これは次節で紹介する情動知能とも共通する概念であろう。

11.4　情　動　知　能

　1990 年代から研究が進められている**情動知能**（emotional intelligence）も，社会生活を営む上で重要な能力だと考えられている。情動知能が高い人は自分自身や他者の感情を正しく理解して，それらの感情を制御したり，思考や行動にうまく役立てたりすることができるとされており，ゴールマンの『EQ　心の知能指数』（Goleman, 1996 土屋訳 1998）をはじめとして，情動知能を高めることが社会での成功につながるという本も多く出版されている。

　情動知能を測定する方法は，客観テストと自己報告形式のテストに大別できる。情動知能が一般的な知能と同様に「能力」であると考える立場では，感情に関する課題を用いた検査が用いられる。たとえば，メイヤーら（Mayer et al., 2003）が作成した MSCEIT 第 2 版（The Mayer-Salovey-Caruso Emotional Intelligence Test, ver.2）では，情動知能を 2 つの領域（経験的・方略的）に分け，前者は情動の知覚と思考の促進，後者は情動理解・情動管理というそれぞ

表 11.3　MSCEIT 第 2 版の構成

領域	ブランチ	下位検査
経験的	**情動の知覚** 顔や絵画に表れた情動を知覚する能力	顔……顔写真について，怒り，喜びなど 5 つの情動がそれぞれどの程度表れているか評定する。 絵画……絵画について，上記と同じように評定する。
経験的	**思考の促進** 情動の認知的処理による思考の促進	感覚……文章の中で述べられている情動について，それが身体感覚（暖かさ，色など）にどの程度似ているか評定する。 促進……シナリオを読んで，3 つの気分がその行動にどの程度有効かを評定する。
方略的	**情動の理解** 情動と，それらがどのように混ざり合い，変化するかを理解する	混合……複雑な情動が，それぞれどのような情動の組合せから構成されているか答える。 変化……情動が，他のどのような情動の結果であるかを答える。
方略的	**情動の管理** より良い結果のために感情を利用する	情動管理……シナリオを読んで，その登場人物の情動をコントロールする行動がどの程度効果的かを評定する。 関係性……シナリオを読んで，登場人物が他の人物の情動をコントロールしようとする行動がどの程度効果的かを評定する。

れ 2 つのブランチから測定する。さらに各ブランチには 2 種類の検査が含まれるため，MSCEIT 第 2 版は 8 種類の課題から構成される（表 11.3）。

　MSCEIT では，答えを得点化する方法が 2 種類ある。一つは，コンセンサス反応との一致を評価する方法で，ある集団において同じ答えを出す人が多いほど，その答えを選んだ場合の得点が高くなる。これは，情動の意味が社会的・文化的な文脈において共有されるという考えに基づいている。もう一つは，心理学者や精神科医など，人の情動に精通していると考えられる専門家の反応を基準とする方法である。「コンセンサス反応を基準とする方法では，平均的な人々より良く情動を理解できる "情動の天才" の反応を誤答としてしまうのではないか」とか，「専門家は理論的な知識は持っていても日常場面の情動管

理にはそれほど詳しくないのではないか」といった批判はあるものの，この 2
種類の基準で採点された得点間の相関は比較的高いことが確認されている。ま
た，こうした客観テストの結果と仕事のパフォーマンスとの相関は全体として
はあまり高くないが，常に感じの良い感情表現を期待されるサービス職のよう
な感情労働（emotional labor）が高い仕事に限定すれば，この相関がやや高く
なることが報告されている。

　一方，情動知能を自己報告によってとらえられると考える研究者によって，
質問紙形式の検査も多数作成されてきた。日本でも，内山らによって EQS
（エクス）が作成されている。EQS は 65 項目の質問から構成されており，情
動知能を「自己対応」「対人対応」「状況対応」の 3 つの領域から測定するもの
である。「自己対応」は，自分自身の心の働きを理解し，効果的な行動をとる
能力であり，①自分の感情状態や感情表現力の理解（自己洞察），②目標達成
に向けて努力を維持する粘りや熱意（自己動機づけ），③自分自身で行動を決
定し，また不適切な感情表現を制御する技量（自己コントロール）の 3 因子か
ら構成される。「対人対応」は，他者の感情に対する認知や共感に基づいて人
間関係を適切に維持できる能力であり，①他者の喜びや悩みに気づき，それに
応じて適切な反応をとること（共感性），②他者の感情や困難な状況を認識し，
相手を傷つけず，援助しようとすること（愛他心），③他者の能力を見極め，
うまく協力し合いながら人付き合いができること（対人コントロール）の 3 因
子から構成される。最後の「状況対応」は，環境の変化に対応できる柔軟性を
意味し，①場全体への気配りを持って状況判断の結果を行動に移すこと（状況
洞察），②危機管理や適切な状況判断に基づいて集団を統率すること（リーダ
ーシップ），③状況の認識に基づいて臨機応変に対応できること（状況コント
ロール）の 3 因子から構成される。さまざまな職種で得点を比較したところ，
自己対応領域と対人対応領域ではサービス職の得点が高く，状況対応領域では
管理職の得点が高いことが報告されている（内山ら，2001）。しかし，質問紙
で測定された情動知能はしばしばパーソナリティ特性と相関を示すことが報告
されており，情動知能とパーソナリティ特性の概念間の重複が問題となる。先
述の EQS と FFPQ（5 因子性格検査）の関係を調べた研究でも，自己対応領

域と愛着性や統制性，対人対応領域と愛着性，状況対応領域と外向性の間に0.4〜0.5程度の相関が得られている（大野，2005）。

　以上のように客観テストと質問紙にはそれぞれ有効な点と問題点があり，情動知能を測定する別の方法として**状況判断テスト**（situational judgment tests）の検討も進められている。もともと状況判断テストは，仕事に関連した状況を提示してどのような行動をとると思うか，またそれらの行動がどの程度有効かを尋ねるもので，さまざまな職種で採用や人材配置の際に用いられてきた。たとえば「イライラしながら本を探している客に，その本が在庫切れであることを伝える」という状況では，「その本を注文できると伝え，入荷したら連絡すると申し出る」行動を選択すれば販売員としてももっとも効果的な行動であり，「在庫切れであることを伝え，インターネットで探してみたらどうかと提案する」選択肢はもっとも効果的でないと評価される。マクダニエルらの分析では，一般知能やパーソナリティ特性に加えて，状況判断テストの成績も仕事のパフォーマンスを予測できることが示された（McDaniel et al., 2007）。

　マッキャンとロバーツ（MacCann & Roberts, 2008）は，この形式を用いて情動知能を測定する2種類のテストを作成した。情動理解の状況テスト（Situational Test of Emotional Understanding; STEU）の項目や採点基準は，情動生起の理論に従って作成されている。もう一方の情動管理の状況テスト（Situational Test of Emotion Management; STEM）はインタビューによって収集された情動的な状況から構成されており，被検者はその状況において適切だと思われる反応を選択する（表11.4）。採点は専門家の基準に従って行われる。これらのテストで測定された情動理解と情動管理の成績は，言語理解や知識・空間的推理などの一般的な知能とは別の因子にまとまるという結果が報告されている。

　従来の状況判断テストは文章で提示されるため，表情や声のトーン，体の動きなど，実際の情動に伴う豊かな情報が含まれていない。このため，日常的な場面に近づけるために，状況や行動の選択肢をビデオなどで提示するマルチメディア形式のテストも作成されつつある。

表 11.4　**状況判断テストで情動知能を測定する項目の例**
(MacCann & Roberts, 2008 を参考に作成)

STEU（情動理解）
A さんを困らせてきた隣人が遠いところに引っ越すことになりました。A さんはどう感じるでしょうか？

1. 後悔　　2. 希望　　3. 安心（◯）　　4. 悲しみ　　5. 喜び

STEM（情動管理）
A さんは他の同僚が持っていない技能を持っているため，仕事の負担が大きくなっていると感じています。どうするのがもっとも効果的でしょうか？

1. 上司にそのことを話す（◯）
2. 新しい仕事を探す
3. ユニークな技能を自慢する
4. 同僚にそのことを話す

◯はもっとも適切だとされる選択肢

11.5　情動知能の複合モデル

　マシューズら（Matthews et al., 2012）は，現在の情動知能研究で扱われている 4 つの異なるタイプの概念を表 11.5 のように整理している。

　情動知能がこれらの側面を持つ複合的な概念だと考えることで，これまでの研究知見も統合的に解釈することが可能である。たとえば，尺度形式のテストで測定された情動知能とパーソナリティ特性の間に相関があることは，情動知能に気質的側面が含まれているためだと解釈できる。また，情動知能のどの側面を測定したいかによって従来の測定方法から適切なものを選んだり，情動知能のどの側面をどのような訓練によって伸ばせるかという計画を立てたりすることも可能になる。

表 11.5 **情動知能研究における構成概念のタイプ**（Matthews et al., 2012 より作成）

構成概念	測定方法	重要なプロセス	適応における重要性	訓練の可能性
気質	標準的なパーソナリティテスト（主にビッグ・ファイブの外向性，神経症傾向）。特性として情動知能を測定する多くの尺度。	覚醒，注意，強化感受性をコントロールする神経学的・認知的プロセスの統合システム。	多くの気質的要因には利益とコストがあるため，結果は混在。	低：気質は遺伝と初期経験で決定されるため。
情報処理	表情認識テスト情動刺激の潜在的処理を必要とする課題。	情動刺激を処理するための特定の処理モジュール。	処理の速さが常に適応的であるか確かではない。	低：刺激と反応の決まった連合は訓練を通して自動化される可能性がある。
情動調節	特性として情動知能を測定するいくつかの尺度（特性メタ気分尺度など）。	自己概念，自己調節。	多くの場合は適応的であるが，ポジティブなだけではない。	中：気質が影響するが，特定の方略はモデリングや直接的な練習を通して学習されうる。
文脈に応じた情動的知識やスキル	MSCEIT状況判断テスト	獲得された手続き的・宣言的スキル。	学習した文脈内では適応的だが，別の文脈では無関係もしくは逆の効果。	高：特定のスキルや知識は学習されうる。

11.6 まとめ

　私たちの生活において，学力テストや入学試験のように，必要とされる知識や能力がどの程度高いかという観点から個人差をとらえる機会はしばしばある。一般的なパーソナリティ特性がその概念として価値判断から独立であるのに対して，こうした能力の高低は学校場面や進路選択において「高いほど良い」と判断されやすく，そのために能力を測定するテストに対する抵抗も生じやすい。

　しかし，パーソナリティ特性を理解することでその人が適応しやすい環境を選択する手がかりになるのと同様に，能力の様相を理解することも，その人が生きていく上で何らかの助けになるものとして利用できるはずである。その際には，IQ などのように 1 つの指標や 1 回の測定だけで，ある人の能力がすべて理解できるわけではないことを認識した上で，その結果からできるだけ詳細にその人の能力の強さと弱さを理解しようとするべきである。そして，もし何らかの能力を伸ばしたいと考えるならば，そうした個別的な理解に基づいて，その人に応じた学習や訓練の計画を立てることが必要になる。

　また，問題に対して唯一の正解がある多くの知能検査とは違い，ユニークで幅広い答えを出すほど得点が高くなるようなテスト（S-A 創造性テストなど）や情動知能を測定する状況判断テストなどは，日常生活における実践的な能力を理解する上で有効であろう。

参 考 図 書

ミシェル, W. 柴田 裕之（訳）（2015）．マシュマロ・テスト――成功する子・しない子―― 早川書房
　今すぐ 1 個のマシュマロをもらいたい子どもと，15 分待って 2 個のマシュマロを手に入れる子どもの間には，成長してからどのような違いが観察できるだろうか？ 子どもの追跡調査から，自制心と成功との関連を調べた一冊。
村井 俊哉（2007）．社会化した脳　エクスナレッジ
　人と協力したり競争したり，相手の表情を読みとったり，複雑な計画を立てて行動したりする社会的能力を支える脳の働きについて，多くの例をあげて解説している。

パーソナリティと 欲求・動機づけ

大学の授業で「あなたがこれまででもっとも"やる気"を出して努力したことは何ですか?」と尋ねると,「部活動や習い事」「受験勉強」「アルバイト」が回答の大部分を占める。ところがそのときの気持ちを尋ねてみると,同じ部活動であっても,「うまくなりたい」「人に負けたくない」「やればやるほど面白くなる」「人から認められたい」というように,その"やる気"の内容はさまざまである。人が日々の生活や人生において何を目指し,その目標に向かってどのように努力しているのかを理解することは,その人のパーソナリティを理解する上で重要な部分を占める。本章ではさまざまな"やる気"について,欲求や動機づけといった概念を用いて解説する。

12.1 動機づけと欲求

動機づけ(モチベーション;motivation)という概念は,人が何らかの目標に向かって行動するプロセスの全体を指す。このプロセスは人に何らかの**欲求**(need)が起こり,また外界にその欲求の対象(**誘因**;incentive)が存在するところから始まる。その欲求と誘因の結びつきによって,人を行動に駆り立てる力(**動因**;drive)が生じ,行動が完結するまでその力は働き続けると考えられる。たとえば「空腹(欲求)によって何かを食べるという行動を起こそうとする内的状態(動因)が生じ,外界にそれを満たせる食物(誘因)があるときに,それを求める行動をとる」というのが動機づけのプロセスである。

欲求は1次的欲求と2次的欲求に大別できる。1次的欲求(生理的欲求)は主として飢えや渇きの解消や,睡眠,呼吸,排泄,体温調節,苦痛回避など生物に生得的に備わっている欲求である。身体内にこのような生理的な不均衡が

生じたとき，それを自動的に均衡状態に戻そうとする働きを**ホメオスタシス**とよぶ。たとえば体内の水分が不足した場合，血流がふだんより滞ったり体温が上昇したりするなど，さまざまな不均衡が生じる。すると渇きの欲求が生じ，水を飲むという行動が起こる。厳密には水を飲むという行動は，水を探す欲求行動と実際に水を飲む完了行動に分けて考えられる。また刺激や快を求める欲求や，探索や活動への欲求なども 1 次的欲求に含まれる。

　これに対して 2 次的欲求は生存に直接関わるようなものではなく，経験によって学習された心理的な欲求である。もともと 1 次的欲求を満たす手段であった行動が，そのことで得られる報酬経験を重ねるうちに，やがてそれ自体が目的になることもある。生物に共通する基本的な欲求である 1 次的欲求とは違って，2 次的欲求を充足するための方法にはその人の経験の違いが反映されると考えられる（さまざまな 2 次的欲求については次節以降で詳しく述べる）。

12.2　マズローの動機づけ理論

　マズロー（Maslow, 1987）によれば，人は "wanting animal" である。1 つの欲求が満たされたとしてもその満足は一時的なもので，すぐにまた新しい欲求が生まれる。このように，人が常により高い目標を求め続けるものだという考えから，マズローはさまざまな欲求の間に階層的な関係を想定した。この階層構造は，生理的な欲求からより高次の欲求へと向かうピラミッドの形で示される（**マズローの欲求階層説**：図 12.1）。

　この階層でもっとも下位にあるのは，生命維持に不可欠な食べ物，水，睡眠，空気，運動などに対する欲求である。これらは生物として基本となる生理的欲求であるため，これらが満たされるまでは，もっと上位の欲求へ向かう行動は通常は抑制される。

　次に，安心できる居場所や，経済的な安定や健康，不安や混乱から守ってくれるような確固とした構造などを求める安全の欲求がある。

　愛情と所属の欲求は，友情や親密な関係，他者に愛情を与え，また彼らから愛情を受け取ること，ある集団から受け入れられることへの欲求である。承認

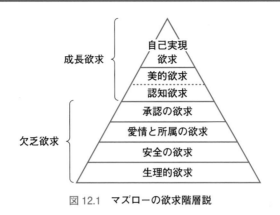

図 12.1　マズローの欲求階層説

の欲求には，強さや達成，能力，自主独立を求める側面と，地位や名声，他者からの高い評価などを求める側面が含まれる。この欲求が満たされると自信の感覚が生れ，そうでなければ劣等感や無力感が生じると考えられる。以上の4つは欠乏欲求ともいわれ，生理的な均衡状態や安全，愛情，承認が不足すると不安や緊張が生じて，これらを充足するための行動が起こる。

　もっとも上位にある自己実現欲求はこれらとは異なり，自分が持っているすべての可能性を発揮して，もっとも良い自分になりたいという成長欲求である。目標とする自己もそれを達成するための行動も人によって大きく異なるため，個人差はこの欲求においてもっとも大きいだろう。この他には認知欲求（物事を知りたい，理解したい，説明したいという欲求）と美的欲求（美しいものを求める欲求）という2つの欲求も想定されている。こうした行動は下位の欲求を満たすための手段でもあるし，ある人々においては自己実現の表現でもある。

　マズローは，これらの基本的欲求が満たされることで，パーソナリティにさまざまなポジティブな影響を及ぼすと考えた。そのような人々は穏やかで落ち着いた気持ちになり，人に親切で，自信を持ち，フラストレーションへの耐性が高い。人と自分との違いに寛容でかつ興味を持ち，偏見や敵意を持たない。率直で強い意志を持ち，精神的にも健康である。彼はまた，こうした人は優れたセラピストになれるだろうと述べている。

12.3　マレーによる欲求——圧力理論

　マレー（Murray, 2008）によれば，人は誕生から死ぬまで活動し続ける存在であり，それら一連の活動は互いに関連し合って，人の一生をまとまりのあるものにしている。マズローはこれを「長い単位（a long unit）」とよび，人生は個々のエピソード（短い単位）の連続としてとらえることができると考えた。1つのエピソードを取り上げるのは，長い人生全体のほんの一部を恣意的に切り取っているだけであるが，パーソナリティ理解の一歩ではある。

　あるエピソードを理解するためには，人が置かれている物理的・社会的な環境と，人がその環境に対して働きかける方法とを理解しなければならない。マズローは，環境が人に及ぼす影響を圧力（press），人が環境に働きかけるやり方にみられる一定の方向性を欲求（need）として，それぞれを分類するための枠組みを考案している。

　マレーの考える欲求には，マズローと同様に1次的（体内発生的）なものと2次的（心理発生的）なものがあり，特に2次的欲求については詳細に分類している（表12.1，表12.2）。

表 12.1　マレーの1次的欲求リスト

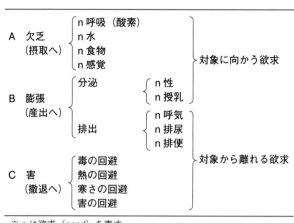

※nは欲求（need）を表す。

表12.2 マレーの2次的欲求リスト

主に無生物の対象への欲求

n 獲得	駆け引き・強奪・賭けなどで金品を所有しようとする。
n 保存	物を集め、きれいに整えて損傷から守ろうとする。
n 秩序	物をきちんと整理する。徹底的に正確であろうとする。
n 保持	物を持ち続けようとする。貸したりあげたりすることを拒否する。
n 構造（建設的?）	物事を整理し、体系や組織を作り上げようとする。

野心，権力意志，達成と名声への欲求

n 優越	n 達成：障害を克服し、困難なことをできるだけ早くやり遂げようとする。 n 承認：称賛、尊敬、他の人とは違う扱い、名誉などを求める。 n 顕示：人の注意を引き、自分をドラマティックに見せたがる。
n 保身	批判を免れて、自分の評判や自尊心を維持しようとする。
n 失敗・恥の回避	失敗や恥を避け、自分の弱いところを隠そうとする。
n 防衛	非難から自分を守り、自分の行為を正当化しようとする。
n 反発	さらに困難な課題に挑戦することで敗北を挽回しようとする。

力の行使・抵抗・放棄に関わる欲求

n 支配	他者をコントロールしたり、集団の行動を指揮しようとする。
n 服従	リーダーを称賛し、喜んで指示に従おうとする。
n 迎合	他者を信用し、模倣し、自分を他者と同一視する。
n 自律	他者から影響されることに抵抗し、権威を避け自主独立を求める。
n 反対	他者とは違う行動をし、ユニークであろうとする。

サディズム・マゾヒズム的な欲求

n 攻撃	他者を傷つけ、侮辱・非難しようとする。
n 屈服	罰を受け、謝罪・懺悔しようとする。自己卑下。

行動の抑止につながる欲求

n 非難の回避	反社会的な行動を抑えることで、非難や罰を避けようとする。

愛情に関する欲求

n 親和	他者と友情をもち、集団に参加して協力しようとする。
n 拒絶	他者を無視し、排除しようとする。
n 養護	他者を助け、守り、母親のような態度をとる。
n 援助	同情や助け、保護を求め、依存的であろうとする。

その他の欲求

n 遊び	リラックスし、楽しもうとする。深刻な緊張は避ける。
n 認識	物事を探究し、好奇心を満たそうとする。
n 解説	物事を指摘し、わかるように説明しようとする。

　環境からの圧力には，状況によるものと人間に関わるものとがある。状況からの圧力には，自然災害，運命，不幸，欠乏，死などがある。人間に関わる圧力は，他者が上記のような 2 次的欲求を持っており，それを自分に向けられる状況を想像してみると理解しやすいだろう。

　このような環境からの圧力と個人の欲求が結びつくことで，個々の行動，すなわちエピソードが起こるのである。マレーはこの相互作用をテーマとよび，テーマを分析するためにモーガン（Morgan, C. D.）とともに TAT（Thematic Apperception Test（絵画統覚テスト））というテストを考案している。

　TAT は，図 12.2 のような 30 枚の絵画刺激と 1 枚の空白刺激から選んだ 20 枚程度を被検者に提示し，その絵の以前に何があったか，現在何が起こっているか，これからどうなっていくのか，登場人物がどんなことを考えたり感じたりしているかについて物語を作ってもらう投影法検査である。この手続きによって，ふだんは抑圧されているかもしれない人生の重要なエピソードが引き出され，語られた物語にその人独自のテーマが映し出されると考えられる。

　マレー自身は，TAT について系統的なスコアリング法を作っていなかった

図 12.2　**TAT で用いられる絵画刺激**（著者が例として作成したもの）

が，物語の中に特定の圧力や欲求に該当する要素があればチェックするといったコーディング方法が後に考案され，TAT の結果を定量的に扱えるようになった。日本でも独自の図版やスコアリングシステムが考案されている。

12.4　社会的動機とその個人差

　マレーがあげた欲求のうち，特に達成と親和についてはその後多くの研究が行われた。これらの研究では「欲求」ではなく「動機」という用語が用いられ，ある行動に動機づけられた状態の理解や，個人特性としての動機の強さを研究の対象としている。

　アトキンソン（Atkinson, 1964）は，達成行動には成功達成動機と失敗回避動機という 2 つの動機づけられた状態が働いていることを想定している。成功達成の動機づけは，成功達成動機，期待（成功の主観的な確率），価値（成功したときの満足感）の組合せによって決まる。同様に，失敗回避の動機づけは失敗回避動機，期待（失敗の主観的確率），価値（失敗したときの不快感）によって決まる。成功と失敗の確率や，成功と失敗にどのような価値があるかは課題によって異なる状態変数であり，成功達成動機・失敗回避動機は比較的安定した個人特性の変数である。成功達成動機は TAT によって測定された達成欲求の強さが指標になり，失敗回避動機はテスト不安尺度を用いて測定することができる。このモデルによれば，もともと失敗回避動機より成功達成動機のほうが強い人は，成功の見通しが 50％であるときにもっとも成功達成動機づけが高くなり，達成のための行動が持続すると考えられる。

　その後，女性では達成動機が行動に及ぼす効果が男性ほど顕著ではないことから，ホーナー（Horner, 1972）は女性では成功達成動機，失敗回避動機に加えて**成功恐怖**を考慮すべきだと主張した。成功恐怖は，従来の男性社会で成功することによって「女性らしくない」といったネガティブな評価を受けたり，集団から拒絶されたりすることを恐れる傾向であり，達成動機が高くても成功恐怖が強ければ，達成のための行動は抑制されると考えられる。日本では堀野（1991）が対人的配慮，成功への否定的感情，優越欲求の少なさという 3 つの

下位尺度から構成される成功恐怖尺度を作成しており，こうした傾向を持つ人が，登場人物が学業やリーダーシップ発揮の場面で成功を収めるというシナリオをどのように評価するかを調べている。この結果，対人的配慮が強い女性は，成功した人物が否定的な感情を持つだろうと評価することがわかった。女性ではもともと達成動機だけでなく親和動機が行動に及ぼす影響も大きいと考えられており，女性は他者との親密な関係を維持するために自身の成功を男性よりはネガティブにとらえるのではないかと解釈できる。

　しかし，社会における女性の役割が変化すれば，こうした成功観も変化している可能性がある。また，文化の違い（たとえば，個人の達成を重視する相互独立的自己観が優勢な北米を中心とする文化と，集団の調和を重視する東アジア中心の文化の対比など）も達成動機と親和動機の関係に影響すると考えられる。

12.5　内発的動機づけと個人差

　人の行動の多くは外界にある目標に到達するための手段であるが，趣味の活動や遊びのように外界に明白な報酬がなく，行動それ自体が目的であるという場合もある。こうした行動は**内発的動機づけ**によるものとされ，報酬や外界からの働きかけによる**外発的動機づけ**とは区別される。

　ライアンとデシ（Ryan & Deci, 2000）は動機づけとパーソナリティへのアプローチとして，人の内側にあるパーソナリティの成長と行動の自己調整の力に注目した**自己決定理論**を提唱している。彼らは，人が持つ基本的欲求として自己決定性への欲求，関係性への欲求，コンピテンス（有能さ）への欲求という3つをあげているが，内発的動機づけにおいては特に自己決定性，すなわち「ある行動をどの程度自分自身で行おうと決めて実行しているか」という点を重視している。彼らの自己決定理論では，ある行動が外発的に動機づけられている状態から，内発的に動機づけられた状態に変化するプロセスが示されている。最初は行動と結果の因果関係にも気づかず，まったく動機づけられていない状態から，外的な報酬や罰によって行動する外発的動機づけの状態に変わる。

表 12.3　自己決定理論による学習意欲の内在化プロセス

動機づけ	調整スタイル	学習意欲の変化	
動機づけられていない状態	調整なし	学習の意図もコンピテンス（有能さ）の感覚もなく，その価値もわからない。	コントロールされた動機づけ
外発的動機づけ	外的な調整スタイル	そうするように言われたから／ほめられるために／叱られないために勉強する。	
	取り入れられた調整スタイル	何らかの自我関与があり，できないと恥ずかしいから／不安だから勉強する。	
	同一化された調整スタイル	自分自身の価値によって（自分にとって重要だから）勉強する。	自律的な動機づけ
	統合的な調整スタイル	勉強するという行動が，他の自分の行動と矛盾なく調和する。	
内発的な動機づけ	内発的な調整スタイル	勉強すること自体に興味や楽しさを感じ，自律的に勉強する。	

　さらに個人的な報酬や罰，個人的な価値などが徐々に内在化されていき，次第に行動は内発的に動機づけられた，自己決定による行動に変わっていく。表 12.3 には，例として学習における動機づけが内発的なものに変わっていくプロセスを示した。

　動機づけの志向性を個人特性としてとらえる質問紙尺度も作成されており，日本語訳は田中・桜井（1995）によって作成されている。これによると，動機づけの志向性には自律的志向性（内発的動機づけの傾向），コントロール志向的（外発的動機づけの傾向），非自己的志向性（動機づけが起こりにくい傾向）の 3 種類があり，自律的な動機づけの志向性を持つ人はストレスに強く，行動を持続させやすいという傾向がある。

12.6　動機づけと感情

　「試合に負けた悔しい気持ちをばねに練習に励んだ」「高校受験に失敗してと
ても恥ずかしい思いをしたので，大学受験は頑張った」「悲しみやつらさを乗
り越えようと，一生懸命に仕事に没頭した」などのように，感情が「やる気」
に関連していることは日常生活でもよく経験するだろう。感情は，その性質に
よって行動に及ぼす影響が異なると考えられる。

1.　接近（対象に接近する）

　楽しさ，安堵，希望，愛，誇り，自信などのポジティブ感情は，その対象へ
の接近行動を増大させる。

2.　回避（対象から距離を置く）

　苦痛，悲しみ，恐れ，対人嫌悪感，後悔などのネガティブ感情は，自分が対
象から遠ざかることによって，その対象から距離を置こうとする行動につなが
る。

3.　拒否（対象を遠ざける）

　嫌悪，軽蔑，恥などのネガティブ感情は，その対象のほうを遠ざけて距離を
置く行動が生じる。

4.　攻撃（対象を攻撃する）

　欲求不満，怒りなどの感情によって，対象を攻撃する行動や，阻害された欲
求を満たすための何らかの対処行動が起こる。

　速水（2012）は，動機づけにつながるエネルギーはポジティブ感情よりネガ
ティブ感情のほうが強いことと，特に不本意な結果になったときに経験するネ
ガティブ感情は，そのときは不快なものであっても，その不本意な結果を乗り
越えようとする力が含まれていると述べている。

　中でも怒りの感情は，他者や自己に対する破壊的な攻撃をもたらす可能性も
あるが，一方では建設的な自己主張や問題解決にもつながる。P-F スタディ
（絵画欲求不満テスト）は，欲しいものが手に入らない，自分のミスの責任を
追及されるなどの場面を絵で示し，それぞれの場面で絵の中の人物がどのよう
に反応するかを調べる投映法の心理検査である。それらの反応は，欲求が阻害

される場面でその人自身がどのようなアグレッション（単に攻撃という意味を超えて，外界への自己主張や問題解決のための働きかけを含む）の傾向を持つのかを表すとされている。P-Fスタディにおける反応は，アグレッションの方向（他責的／自責的／無責的）と型（障害優位／自我防衛／要求固執）の組合せからとらえられる。

12.7　ま と め

　「やらなければならないのはわかっていても，なかなかやる気が出ない」と感じたことがある人は多いだろう。人を行動に向かわせる「やる気」という何かがある，というのは人々の間で暗黙の信念のようになっており，それゆえに，まずやる気を出すにはどうすればよいかと考えをめぐらせることにもなる。「ネガティブな出来事が起こった場合でも，自分自身が統制できる原因によるものだと帰属すれば次の機会にはやる気が出やすい」とか，「怒りの感情は攻撃を生むだけでなく建設的な問題解決の行動に向けることができる」などの知見は，自身のやる気をかき立ててくれるかもしれない。

　また一方では，やる気がなくてもとにかく行動してみるという方法もある。たとえば森田療法（第13章参照）では，自分ではどうにもできない心のことにこだわるのが神経症の始まりと考えるため，「やる気を出すこと」にこだわらず，その時々で必要な行動をまずやってみることを重視する。

　本章で紹介したマズローやマレーの人間観にも共通しているように，人は常に何かを求め，自分の置かれた状況の中でそれを充足するために行動している存在であり，その姿がパーソナリティそのものであるともいえる。「やる気」との付き合い方も，また人それぞれであろう。

参 考 図 書

鹿毛 雅治（編）（2012）．モティベーションをまなぶ 12 の理論——ゼロからわかる
　　「やる気の心理学」入門！——　金剛出版
　　動機づけ研究の理論を幅広く紹介している。

パーソナリティと精神病理，ネガティブ感情

　人の心にはさまざまな不調が起こりうる。ある出来事によって引き起こされる強い悲しみや不安などによって日常生活を送ることが困難になったり，時には身体的な反応が生じたりすることがある。また，脳の機能が損なわれることで精神に不調をきたしたり，その人独自の考え方や行動の仕方が著しく偏っているために，自分自身や他人に心理的な苦痛が生じたりすることもある。本章では，こうしたさまざまな精神病理とパーソナリティの関係について考えてみよう。

13.1　精神疾患の分類

　さまざまな精神疾患は，心や身体に現れる症状から分類することができる。アメリカ精神医学会（American Psychiatric Association, 2013, 髙橋・大野監訳 2014）が発行している「精神疾患の診断・統計マニュアル（Diagnostic and Statistical Manual of Mental Disorders, 5th edition; DSM-5）」では，表 13.1 のように多様な精神疾患が取り上げられている。DSM-5 ではそれぞれの精神疾患について特徴的な症状があげられており，それらに該当するような生活上のエピソードが基準以上に示されれば，その診断に該当すると判断される[1]。

　たとえば社交不安障害（社交恐怖）では，他者の注視を浴びる可能性のある場面に対する著しい恐怖または不安があり，そうした状況はほとんど常に恐怖または不安を誘発すること，それが持続的で 6 カ月以上続くこと，さらに，そ

---

[1]　同様の診断基準としては，世界保健機関（WHO）が作成している国際疾病分類（ICD-10）の F コード（精神および行動の障害）がある。1～2 年のうちに ICD-11 が日本にも導入される予定である。

表 13.1　**DSM-5 にあげられている精神疾患のカテゴリー**
(American Psychiatric Association, 2013 髙橋・大野監訳 2014)

神経発達症群／神経発達障害群	知的能力障害，コミュニケーション障害，自閉性障害など
統合失調症スペクトラム障害および他の精神病性障害群	統合失調症，統合失調型障害，統合失調感情障害など
双極性障害および関連障害群	双極Ⅰ型障害，双極Ⅱ型障害，気分循環性障害など
抑うつ障害群	うつ病，気分変調症など
不安症群／不安障害群	社交恐怖，パニック障害，全般性不安障害など
強迫症および関連症群／強迫性障害および関連障害群	強迫性障害，醜形恐怖症など
心的外傷およびストレス因関連障害群	心的外傷後ストレス障害（PTSD），適応障害など
解離症群／解離性障害群	解離性同一性障害，解離性健忘など
身体症状および関連症群	身体症状症，病気不安症，転換性障害
食行動障害および摂食障害群	神経性やせ症，神経性過食症，異食症など
排泄症群	遺尿症，遺糞症など
睡眠―覚醒障害群	不眠障害，仮眠障害，ナルコレプシーなど
性機能不全群	性欲低下障害（男性），性的関心・興奮障害（女性）など
性別違和	
秩序破壊的・衝動制御・素行症群	素行障害，反社会的パーソナリティ障害など
物質関連障害および嗜癖性障害群	アルコール，カフェイン，幻覚薬などに関連した障害
神経認知障害群	認知症，せん妄など
パーソナリティ障害群	自己愛性パーソナリティ障害，演技性パーソナリティ障害など
パラフィリア障害群	フェティシズム障害，窃視障害など
他の精神疾患群	
医薬品誘発性運動症群および他の医薬品有害作用	
臨床的関与の対象となることのある他の状態	対人関係の問題，虐待，教育と職業の問題，住居と経済の問題など

の恐怖や不安が他の疾患によるものではないことなどが診断基準としてあげられている。

　精神疾患の診断は医師によって行われる医療行為であるが，心理臨床の場を訪れる人に対して適切な援助を行うためには心の病理に対する見立てを行うことが必要であり，その際にこれらの診断基準は参考とすべきものである。ただし，症状の組合せだけで臨床像全体を理解することには限界があるため，その人がそれまで自身を取り巻く環境とどのように関わり合ってきたかという総合的なパーソナリティ理解も必要であろう。

　また精神疾患は症状からだけでなく，その原因から外因性，内因性，心因性の3つに分類することができる。

　外因性の精神疾患とは，脳血管性精神障害やアルコールや薬物への依存が原因で起こる妄想幻覚などのように，脳の器質的変化や身体疾患，中毒などが原因で起こるものを指す。内因性の精神疾患としては，統合失調症や躁うつ病などがあげられる。これらの疾患の原因はまだ明確にされていない部分もあるが，脳内の神経伝達物質に関わる異常や遺伝的な要因の関与が想定されている。心因性の精神疾患は，心理的な要因の影響がもっとも大きく，たとえば適応障害のように心理的・環境的な原因に対するストレス反応として起こるものがあげられる。

13.2　ストレスとパーソナリティ

　精神疾患は強いストレスなどの心理的な原因でも起こりうる。しかし，同じ事故や災害に遭った後でも PTSD（心的外傷後ストレス障害）を発症する人としない人がいるという知見などから，ストレスによる精神疾患の発症メカニズムには何らかの個人要因が関与していると考えられるようになった。

　ラザルス（Lazarus, 1999 本明監訳 2004）によるストレス対処のモデル（図13.1）によれば，ある出来事の意味は個人と環境の相互作用の中で決まる。つまり，ある出来事が自分にとって脅威であり，また自分にはそれに対処する十分な力がないと評価する人にとってはストレスになるが，そうでない人にとっ

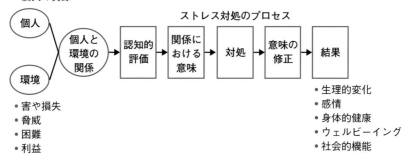

先行要因
- 目標とその階層
- 自己と世界に関する信念
- 個人の資源

ストレス対処のプロセス

個人

環境

個人と環境の関係

認知的評価

関係における意味

対処

意味の修正

結果

- 害や損失
- 脅威
- 困難
- 利益

- 生理的変化
- 感情
- 身体的健康
- ウェルビーイング
- 社会的機能

図 13.1　**ストレスと対処のモデル**（Lazarus, 1999 本明監訳 2004）

てはストレスとして作用しにくい。このようにして生成された出来事の意味に応じて対処行動がとられ，対処がうまくいった場合，うまくいかなかった場合のそれぞれの結果に応じて多様な心理的・身体的変化が起こる。

　では，パーソナリティのどのような特徴がストレス対処や精神病理の発症と関連しているのだろうか。ここでは，精神病理の素因ストレスモデルとレジリエンスモデルという 2 つの考え方を紹介する。

13.2.1　精神病理の素因ストレスモデル

　精神病理の素因ストレスモデル（diathesis-stress model）とは，何らかの脆弱性（素因）を持った人が強いストレスを経験したときに精神疾患が発症するという考え方で，**ストレス脆弱性モデル**とよばれることもある。素因としては，遺伝的要因，生理学的要因，パーソナリティ特性，認知的な特徴などがあげられる。パーソナリティ特性としては，ネガティブな情動性（神経症傾向）の高さがさまざまな精神疾患と関わっていることが知られている。

　この中で，個人の認知の特徴を重視するのが**認知療法**（cognitive therapy）の考え方である。認知療法の前提となっているベック（Beck, 1976 大野訳

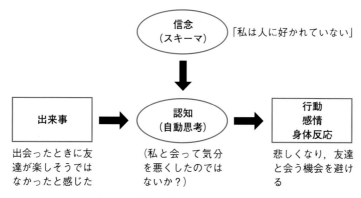

図 13.2 対人不安における認知モデル

1990）の理論では，ストレスフルな出来事そのものではなく，その出来事に対する個人の認知が特定の行動や感情を引き起こし，ひいては精神病理の発症に至ると考える。たとえば「友人と話したとき，彼女はあまり楽しそうではなかった」と感じた出来事に対して，「彼女はたまたま機嫌が悪かったんだろう」と考えた人は，すぐにそのことを忘れてしまうかもしれない。しかし「彼女は私と話して不快になったのではないか」という考えが浮かんだ人では悲しみや不安などの感情が起こり，それ以後は人に会う際に強い不安を感じるようになって，社会的な場面を避けるようになるかもしれない（図 13.2）。

　このように，ある出来事に対して頭に浮かぶネガティブな認知は**自動思考**とよばれ，その背景には，自分自身や他者，世界についてその人が持っている信念（beliefs）がある。このような信念はその人のこれまでの経験を通して形成されると考えられており，その意味でパーソナリティの一部といってもよい，個別的なものである。

　他にも不安障害の背景にある認知の特徴としては，自分自身の感情や身体的な反応などに注意を向けすぎること，「こんなにドキドキしているのだから，きっと他の人から見ても不安そうに見えるに違いない」とネガティブな自己イメージを作りがちであることがあげられる。また，抑うつにつながる認知とし

ては，「100 点をとれなければ 0 点と同じことだ」といった極端な信念や，「常
に全力で努力しなければならない」などの「べき」思考，自分自身や未来，世
界に対するネガティブで破局的な見方などがあげられる。

　このような認知に働きかける方法としては，たとえば，日常で強い不安が起
こったときにどのような考えが起こったかを内省して，その人がどのような自
動思考やスキーマを持っているかを明らかにし，それが論理的に正しいかどう
かを検討して認知のゆがみを修正する技法などが用いられる。

　神経症の治療法として知られる**森田療法**（森田，2004）の理論でも，素因と
ストレスの組合せが発症につながると考えられている。たとえば，人前で話を
しなければならないときに，多少顔が赤くなったり，緊張したりするのは自然
なことである。しかし，「人前では完璧にふるまわなければならない」という
気持ちが強い人は，赤くならないようにしようと何とか試みる。さらに，自分
の心身の不調に注意を向けやすい人は，赤面していることをいっそう強く意識

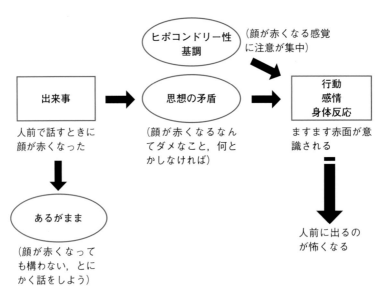

図 13.3　**森田療法の理論による赤面恐怖の理解**

してしまう。このような悪循環から，次に顔が赤くなったらどうしようという不安が強くなり，人前に出ることが困難になるなどの症状が起こってくる（図13.3）。

　森田療法の理論では，神経症になりやすい人のパーソナリティには弱力性と強力性の両面があるとされている。弱力性とは，自分の心身状態の不調に注意が向きやすい敏感さ（**ヒポコンドリー性基調**）や，内向性，不安の高さなどの側面のことである。また強力性とは，現実には不可能なことでもやるべきだという認知（現実と思想の矛盾），何とか克服しようと努力する完全主義や負けず嫌いなどの強い側面をいう。「きちんと仕事をしよう」「やるからには完璧にやりたい」など強力性の側面があるからこそ，現実にはそれほどうまくできないというずれによって不安や焦りが生じるという考え方は，他の理論とは異なるユニークな考え方といえるだろう。また，認知に焦点をあてる治療法とは異なり，森田療法では不安や心配に直接働きかけることはせず，むしろ「あるがままに」不安を受け入れながら日常の必要な仕事や勉強をすることで「……べき」というとらわれを打破するというアプローチをとる。

BOX 13.1　病 前 性 格

　うつ病や統合失調症についても，その発症前に共通したパーソナリティの特徴があることが知られている。これを**病前性格**という。

　うつ病の病前性格としては，メランコリー親和型性格（Tellenbach, 1961）や執着気質（下田，1941）が知られている。メランコリー親和型性格とは，まじめできちょうめん，完全主義，他者との衝突を避けるといった特徴を持つ。執着気質もこれに似ており，仕事熱心，正直，きちょうめん，ごまかしができないなどの特徴があげられる。また，統合失調症については非社交的で内気であり，無口で控えめ，きまじめ，過敏などの特徴があげられている。

　うつ病や統合失調症は，脳内の神経伝達物質の働きや遺伝的要因の関与が大きいと考えられる内因性の精神病理であるため，こうしたパーソナリティ傾向が病気の直接的原因だというわけではないことには留意しなければならない。

13.2.2　精神病理のレジリエンスモデル

　ストレスに対する脆弱さに注目する素因ストレスモデルとは逆に，ストレスに遭遇しても柔軟に対応できたり，いったんは落ち込んでもすぐに回復できたりする心の弾力性（レジリエンス；resilience）に注目する研究もある。グロスバーグ（Grothberg, 1996）は，レジリエンスを「人生の困難に直面してそれを克服し，そのことでさらに強くなるような人間の力」と定義し，その特徴を"I have...（私には……がある）""I can...（私は……できる）""I am...（私は……である）"の3つに分類している。"I have"は，「何があろうと私を信じ，愛してくれる人が周りにいる」「正しい行いを教えてくれる人がいる」など，サポートを与えてくれる家族や友人との関係で表現される環境要因である。"I can"には「自分が直面している問題を解決する方法を見つけられる」「必要なときに自分を助けてくれる人を見つけることができる」など，問題解決能力やソーシャルスキルの要素が含まれる。"I am"は「自分自身や他者に敬意を持っている」「物事がうまくいくと信じている」など，自尊心や自律性などの個人要因である。レジリエンスを測定する日本語の尺度もいくつか作成されているが（表13.2），これらの要素を含んでいるものがほとんどである。

　これまでの研究では，レジリエンスが高いほど，生活満足感や自己教育力（自主的な学習，計画性，自己実現など）が高いことや，ネガティブな出来事からの立ち直りや病気からの回復が促されることなどがわかっている。また，平野（2010）はレジリエンスの中でも後天的に身につけやすい側面をあげており，経験や教育によってレジリエンスを高められる可能性が示唆されている。

　レジリエンスと同様の概念として，ストレスに対するハーディネス（hardiness）も研究されている。ハーディネスは，コミットメント（さまざまな状況に積極的に関与すること），コントロール（自分が出来事にある程度の影響を及ぼしうるという感覚），チャレンジ（変化を恐れず，成長の機会だととらえること）の3つの側面から構成され，レジリエンスと同様にストレスに抵抗する個人の資源だと考えられている（Kobasa, 1979）。ポジティブ心理学に代表されるように，人の持つポジティブな側面に注目するこうした研究は，今後いっそう広がっていくと思われる（第14章参照）。

表 13.2 さまざまなレジリエンス尺度

	下位尺度			
森ら (2002)	"I have"	"I can"	"I am"	"I wil (I do)"
小塩ら (2002) 精神的回復力尺度	感情調整	肯定的な 未来志向	新奇性追求	
石毛・無藤 (2006)	内面共有性	楽観性	意欲的活動性	
佐藤・祐宗 (2009)	ソーシャル サポート	自己効力感	社会性	
齊藤・岡安 (2010)	ソーシャル サポート	コンピテンス	肯定的評価	親和性　重要な他者
平野 (2010) 　資質的要因	楽観性	統御力	社交性	行動力
獲得的要因	問題解決志向	自己理解	他者心理の理解	

13.3 パーソナリティ障害

　パーソナリティ障害（personality disorders）とは，ある人の考え方や行動の仕方，対人関係のとり方のパターン（すなわちパーソナリティ）が，その人が属する文化から期待されるものから著しく偏り，本人または周囲の人に生活上の困難や苦痛をもたらすようなものであることを指す。またこうしたパーソナリティは生活の広範囲にわたっており，青年期か成人期早期に始まり，長期にわたって比較的安定しているものとされる。DSM-5 では 10 のパーソナリティ障害があげられている（表 13.3）。

　従来 DSM では，パーソナリティ障害の診断はそれぞれの診断基準にどの程度該当しているかによって行われてきた。この診断方法は，正常なパーソナリティとは質的に異なるパーソナリティ障害のカテゴリーがあるという考え方が基になっている。しかし，それぞれ異なるはずの複数のパーソナリティ障害の診断に該当するような症例も多く，カテゴリーに基づくパーソナリティ障害の概念には疑問も持たれていた。そこで，DSM-5 では従来のカテゴリカルな診

表 13.3　パーソナリティ障害の種類と特徴的な様式

A 群	奇妙で風変わりな印象を与えるパーソナリティ障害群	
	猜疑性パーソナリティ障害	他人への不信や疑い深さ。
	シゾイドパーソナリティ障害	社会的な孤立，情動表現の乏しさ。
	統合失調型パーソナリティ障害	奇妙で風変わりな行動様式，親密な関係の乏しさ。
B 群	演技的，情緒的で移り気な印象を与えるパーソナリティ障害群	
	反社会性パーソナリティ障害	他人の権利の無視・侵害。虚偽性，良心の欠如などを伴う。
	境界性パーソナリティ障害	対人関係，自己像，情動などが不安定で著しい衝動性を伴う。
	演技性パーソナリティ障害	過度な情動性を示し，人の注意を引こうとする。
	自己愛性パーソナリティ障害	誇大性や称賛されたいという欲求，共感の欠如。
C 群	不安や恐怖を感じているような印象を与えるパーソナリティ障害群	
	回避性パーソナリティ障害	否定的評価への過敏さ，対人接触を避ける。
	依存性パーソナリティ障害	面倒をみてもらいたいという過剰な欲求と分離に対する不安。
	強迫性パーソナリティ障害	精神や対人関係をコントロールすることにとらわれ，生活における柔軟さや開放性，効率性が犠牲にされる。

断方法に加えて，健康で適応的なパーソナリティと連続している病的なパーソナリティという観点から評価する代替診断基準が提案されている。

　この方法では，パーソナリティ障害は①パーソナリティ機能（自己に関する機能，対人関係機能）に中程度以上の障害があること[2]と，②複数の病的なパーソナリティ特性を合わせ持つことの 2 点から診断される。病的パーソナリティ特性は否定的感情，離脱，対立，脱抑制，精神病性の 5 つの領域と 25 側面の特徴から構成されており，この 5 領域はパーソナリティのビッグ・ファイブモデルの 5 特性とほぼ対応している（表 13.4）。

---

[2] パーソナリティ機能の障害は，0（ほとんどない，またはない），1（いくらか），2（中程度），3（重度），4（最重度）の 5 つのレベルで評価される。

表 13.4 **病的パーソナリティ特性とビッグ・ファイブとの対応**

	病的パーソナリティ特性	ビッグ・ファイブ特性
否定的感情―情動安定性	強い不安，抑うつ，怒り，羞恥心などを頻繁に経験する。	神経症傾向
離脱―外向性	対人関係や感情の経験を回避する。	外向性（−）
対立―同調性	尊大，他者への嫌悪によって他者との不和を招く。	調和性（−）
脱抑制―誠実性	すぐに欲望を満たしたいという態度で衝動的行動に至る。	誠実性（−）
精神病性―透明性	奇妙で風変わりな行動や認知が現れる。	開放性？

表 13.5 **パーソナリティの特徴からみたパーソナリティ障害**

パーソナリティ障害	診断基準に含まれるパーソナリティ特性				
	否定的感情	離脱	対立	脱抑制	精神病性
統合失調型		○			○
反社会性			○	○	
境界性	○		○	○	
自己愛性			○		
回避性	○	○			
強迫性	○	○			

　現在のところ，この代替診断基準によって，反社会性パーソナリティ障害，回避性パーソナリティ障害，境界性パーソナリティ障害，自己愛性パーソナリティ障害，強迫性パーソナリティ障害，統合失調型パーソナリティ障害が診断可能である。また，この診断基準では異なるパーソナリティ障害に共通するパーソナリティ特性があると考えられているため（表13.5），複数のパーソナリティ障害の診断が併存しうることも説明できる。

　パーソナリティ障害では，不安定な情動や行動をコントロールするための治療法がとられることが多い。またパーソナリティの極端な偏りの根底にある，不適応的な自動思考やスキーマに注目した認知の修正を含む治療法が用いられ

ることもある。

13.4　ま　と　め

　精神疾患の**カテゴリカルモデル**では，不適応的なパーソナリティと，いわゆる正常で適応的なパーソナリティは質的に異なるものだと考える。しかし**次元モデル（ディメンショナルモデル）**では，不適応的なパーソナリティと正常なパーソナリティの差異はパーソナリティの特徴の程度の違い，つまりパーソナリティ次元における量的な差異だと考える。第 4，5 章で紹介したクロニンジャーのパーソナリティ理論でも，気質とパーソナリティ特性における極端なパーソナリティの特徴の組合せでパーソナリティ障害を記述することができる。

　また次元モデルの考え方によって，たとえば抑うつや不安といった臨床的症状のメカニズムを検証する際に，うつ病や不安障害の患者を直接対象とするのではなく，健常者の抑うつ傾向や不安特性を測定して行う**アナログ研究**が可能になる。アナログ研究では多くの対象者からデータを収集しやすいという利点がある。

　では，不適応的なパーソナリティが健康的なパーソナリティと連続的なものであるなら，どこからが不適応的で精神病理につながりやすいといえるのだろうか。パーソナリティ障害の定義に，「その人の行動様式が文化から期待されるものから著しく偏る」という内容がある。筆者は以前，アメリカのパーソナリティ心理学者と，集団内の調和が重要だとされる日本人ではもともと相互に依存的な行動をとりやすく，依存的パーソナリティ障害と診断されるような行動はアメリカのものとは違うのではないか，という会話をしたことがある。パーソナリティが不適応的であるかどうかは，その人が他者や出来事とどのように関わり合っているかを，その人が置かれた状況の枠組みに照らし合わせて考えることが必要であり，その意味で精神病理も人と環境の間で起こるといえるだろう。

参 考 図 書

杉浦 義典 (2009).　アナログ研究の方法　新曜社

　アナログ研究の考え方や手法について，多くの示唆を与えてくれる一冊。

パーソナリティと健康

パーソナリティのポジティブな側面へのアプローチに，「幸せ，幸福（happiness）」の研究がある。健康なパーソナリティは幸せを導くものであり，また，その結果として幸せな生き方を人々にもたらし，長寿を達成できると考えられている。また，健康という意味に，人間としての健全さという意味も含まれるならば，健康とは，単に主観的な健康感，幸福感にとどまらない幸福観の問題であり，その研究は，善き人生，豊かなライフの探求という実存的な意味も持っていると考えられる。本章では，以上の観点から，まず，心理学における幸福や幸せな生き方の研究を，ついで，パーソナリティと幸せや長寿との関係を取り上げることによって，パーソナリティの健康について考える。

14.1　幸福感，幸福観の研究

「幸せな人？」「幸せ？」「幸せとは何？」。このような問いかけは，「生きるとは何？」という問いかけでもあろう。多くの幸福の研究者が，アリストテレスの『ニコマコス倫理学』（高田訳，1973）に言及しているのは，現代においても，幸福が生きる上で「最上の善」であり，また，実際に多くの人が幸せでありたい（well-being），幸せに生きたい（successful aging）と願っていることを示している。

このような幸福に関する現代的研究が心理学で行われるようになったのは，セリグマンやチクセントミハイらによって始まったポジティブ心理学（positive psychology; Seligman & Csikszentmihalyi, 2000; Snyder & Lopez, 2002; 堀毛，2010）によるものである。

14.2　幸福感のモデル

　幸福感のモデルとして引用される代表的なものに，ディーナー（Diener, 1984）の主観的幸福感（subjective well-being）がある。このモデルでは，主観的幸福感が，「人生の満足感」「肯定的感情の存在」「否定的感情の欠如」から構成されており，アメリカで使用されてきた幸福感尺度に大きな影響を与えている（Pavot & Diener, 1993）。このディーナーのモデルにより作成された尺度は，快楽の達成を幸せとする古代ギリシャの快楽主義に基づいた快楽主義的（Hedonic）幸福感尺度（たとえば，Kahneman et al., 1999）と称されている。

　一方，一個人が持っている可能性の理性，努力による実現が幸福感を導くとする古代ギリシャの幸福主義に基づいた幸福主義的（Eudaimonic）幸福感尺度も開発されており（Ryff, 1989），「自己受容」「人生の目的」「自己成長」「他者との肯定的関係」「環境のコントロール」「自立性」の6つの下位尺度から構成されている。

　日本における幸福感研究では，これら欧米における幸福感の概念が，日本人の幸福感と異なっていること（Uchida & Kitayama, 2009）や人生満足感を十分に表さない結果（熊野，2011）がみられることから，「感謝」と「関係性からの解放」の2因子からなる，人間関係に重点を置いた「ミニマリスト幸福感尺度」（Kan et al., 2009）や，「人並み感」「周囲の幸せ」など協調的な幸福感を重視した「協調的幸福感尺度」（Hitokoto et al., 2009）が開発されている。

14.3　ポジティブ心理学——幸福観の構成要素

　すでに述べたように，ポジティブ心理学によって，幸せの実証的心理学が始まった。そして，人生の意味や生きがい，バイタリティ，好奇心，希望など，幸福に関わるさまざまな関連概念が研究されるようになったのである（大石・小宮，2012）。中でも，VIA（Values-In-Action; Peterson & Seligman, 2004）は，人をポジティブたらしめている特性を網羅的に分類したものであり，精神障害の診断マニュアルであるDSM（Diagnostic Statistical Manual of Mental Disor-

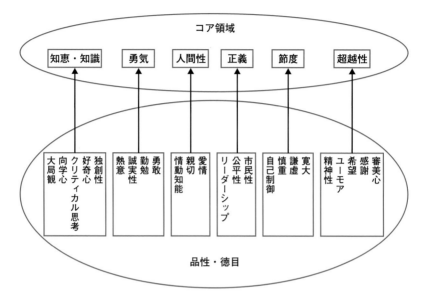

図 14.1 **VIA の品性・徳目の構成**（島井，2009 より作成）

ders）のポジティブ版といわれている。

　VIA は，品性・徳目である 24 のポジティブ特性からなり，その 24 特性が「知恵と知識（wisdom and knowledge）」「勇気（courage）」「人間性（humanity）」「正義（justice）」「節度（temperance）」「超越性（transcendence）」の 6 つの概念に分類されている（図 14.1）。マクアダムス（McAdams, 2009）は，「これらの品性・徳目の中には，明らかに性格特性の 5 因子，ビッグ・ファイブによって説明されうるものが含まれており（たとえば，親切は調和性（A 因子），慎重は誠実性（C 因子）に含まれる），また，謙虚や公平性，感謝，寛大という徳目は，ビッグ・ファイブのような広義の特性にはうまくあてはまらなくとも，人の一生という時空間を意味づけその人の個人性をあらわす重要な要素である」（pp.332-333）と述べ，ポジティブ心理学の人理解に対する貢献を評価している。また VIA-IS（Values In Action Inventory of Strength）という尺

度は「生き方の原則調査票」として日本語版も作成されている（大竹ら，2005）。

14.4　幸せなエイジング

　高齢化が進んだ現代社会では，長くなった人生をどう幸せに生きるのかが大きな課題となった。欧米，特にアメリカで行われてきたエイジング研究は，老化という身体的，心理的，社会的衰退を，人間は理性，知恵，努力によって超えることができるかという課題への挑戦であり，また，それは，遺伝的・生物的制約を超えて，個人のライフスタイルにより豊かな年のとり方ができる（秋山，2010）ことを提示するものでもある。

　近年のエイジング研究では，すべての認知能力が加齢とともに衰退するわけではなく，知識や経験を基盤とした日常的な能力は衰退しないことが示されている（Carstensen et al., 2000）。また，幸福感についても，加齢とともに肯定的な感情経験が増加し，肯定的になる傾向が見出されている（Neugarten et al., 1961; Mroczek & Kolarz, 1998）。このような，加齢による肯定的な変化はポジティビティ傾向とよばれている（図 14.2）。この傾向は，年をとってもポジ

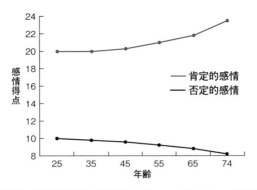

図 14.2　**肯定的・否定的感情の加齢変化**（Mroczek & Kolarz, 1998 より作成）

ティブであり，肯定的感情を強く感じることが幸せであるという快楽主義的な考え方や，加齢に対して環境をコントロールできる自己を評価する幸福主義的な考え方を，良い生き方と考える欧米の価値観を反映したものと考えられる。

日本では，現状や人間関係を受け入れることが強調され，評価される。すなわち，親鸞の説く「他力」や鈴木大拙のいう「絶対的な受動性」という，互いが互いのままで，自己の存在を開き合うような観点（甲田，2007）が日本の社会では深く根づいている。また，「良いも悪いもある意味同じ」などという「陰陽思想」の影響によるバランス感覚（Kitayama & Markus, 1999）も世間には存在する。したがって，日本では，欧米にみられるような加齢に伴う幸福感の上昇という幸福の時系列変化が必ずしもみられないことになる（内閣府，2008）。

ムロチェックとコラーズ（Mroczek & Kolarz, 1998）の示したポジティビティ効果も全体としてはすでに述べた結果が得られてはいるが，ジェンダーやパーソナリティの影響を考慮すると結果は単純ではなく，外向的な男性は年齢にかかわらず高い肯定的感情を示し，女性では加齢に伴う否定的感情のより低い得点への変化はみられていない。また，既婚男性も加齢に伴う否定的感情のより低い得点への変化はみられなかった。

14.5　幸せな人生——ライフストーリー

私たちはどのような人生を送れば，その人生に満足し，幸せと感じるのであろうか。このような「人生の意味による自己の探求」という研究アプローチに，個人の人生を語る行為であるライフストーリー研究とナラティブ心理学（McAdams, 1993; やまだ，1999）がある。

多くのライフストーリー（life story）では，主人公が何らかの苦しみ，悩み，障害に出会い，それらの困難を乗り越えて生きていくという，あるいは，それらの困難にもがいているという物語が生成される。その物語の筋書きとその意味内容に，ビッグ・ファイブのような表層的なスケッチではとらえられない，アクティブで深い真実の物語による自己が表出されている（McAdams, 2009）。

そして，その物語は何度も心の中で語り直され，再構造化される。その生成の中で自分を発見することになるのである（やまだ，1999）。

マクアダムス（McAdams, 2009）は，このようなライフストーリーの筋書きの典型として，アメリカ人には，「父の死によって家族の結束が高まった」というような「報われ，あがない（redemption）」と，「望んでいた職に就いたが，新しい仕事のためにイライラや苦労が増えた」というような「困窮（contamination）」があると述べている。そして，人生の満足感や自尊心が，「報われ」ストーリーとは正の相関，「困窮」ストーリーとは負の相関を示すことを明らかにしている（McAdams et al., 2001）。

また，やまだ（1999）は，F1ドライバーのアイルトン・セナの事故死という，大好きな人の突然の死に対する女子学生の語りを通して，「人生の物語を語ることは，私的な共同行為でありながら，共同体の歴史を語る共同行為とも重なっているのです」（p.10）と述べ，自己と文化性の両者が，物語ることに共存する可能性を示唆している。

14.6　パーソナリティと健康の関係

VIAに網羅された健全，健康であるためのさまざまな特性は，マクアダムスが指摘するように，従来のパーソナリティ特性に包括されるものや，そうでなくとも，人の一生を意味づける重要な要素としてみなすことのできるものであった。本節では，パーソナリティ特性論で現在もっともコンセンサスを得ているビッグ・ファイブの5特性から，パーソナリティと健康の関係をみることにする。

肯定的感情が幸福感と関係していることは，14.4節で取り上げたように欧米におけるエイジング研究が示している。この肯定的感情とビッグ・ファイブの外向性（E因子）との関係においても，外向的な人は内向的な人に比べて肯定的感情のレベルが高いという多くの研究がある（たとえば，Costa & McCrae, 1984; Lucas & Fujita, 2000）。また，外向的な人は，自分の気分をうまく調節でき，自分にとって肯定的な経験をより長く楽しむことができる（Bryant, 2003）

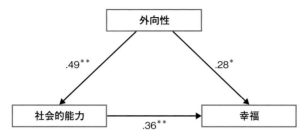

図 14.3　**外向性（E 因子）の幸福への影響**（Argyle & Lu, 1990 より作成）
数字はパス係数の値，$^*p < .05; \, ^{**}p < .01$。

という結果も示されている。

　このように，外向性と肯定的感情の関係は多くの研究が示すところであるが，幸福との関係においても，外向性は幸福感に直接影響するとともに，社会的な手練や能力を通して間接的にも幸福感に影響を与えることが示されている（図14.3）。

　外向性以外に，心理的健康や幸福に影響を与える因子として，調和性（A 因子）と誠実性（C 因子）がある。マックレーとコスタ（McCrae & Costa, 1991）は，A と C の両因子が，肯定的感情と心理的健康と幸福からなるウェルビーイング（well-being）とに正の相関，否定的感情と負の相関を示すことを明らかにし，「……A 因子が育てる対人的つながりと C 因子が促す達成や成就とが，生活の質を豊かなものにし，人生の満足感を高めるのであろう。このことは，愛と労働が心理的健康と幸福の鍵であるとフロイトが言ったことと，おそらく同じ意味を持っている」（p.228）と述べている。

　また，C 因子は，過度の飲酒（−.25）や薬の乱用（−.28）などと負の相関を示すことが明らかにされている（Bogg & Roberts, 2004）。この結果から，C 因子が，上に述べた幸福と同様に，社会的変数である生活スタイルを通して寿命と間接的に関係するのではないかという推測が可能であろう。フリードマンら（Friedman et al., 1993）は，縦断的データを用いて，子どものときのパーソ

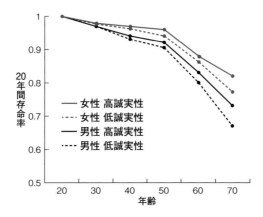

図 14.4　**誠実性（C 因子）と寿命との関係**（Friedman et al., 1993 より作成）

ナリティと存命率（20 年間）の関係を検討し，C 因子が存命率と関係することを示している（図 14.4）。

14.7　ま と め

　本章では，パーソナリティの健康という視点から，幸福感という肯定的感情，幸せな生活や人生というポジティブな生活観，人生観を取り上げた。パーソナリティが，直接的に幸せという感情を決定するかどうかは，これからの研究に期待するところであるが，本章で取り上げた研究結果から考察すると，直接的というよりは，社会的能力や対人関係性を通した間接的効果に関わる要因ととらえるのが妥当と考えられる。また，幸せなどの感情は生理的制約が強い心理プロセスの結果生じている。扁桃体など脳の加齢による機能的変化によってもたらされる感情に対する反応の変化が，経験から生じる幸福という感情反応の変化を導き，ポジティビティ効果が生起している（Cacioppo et al., 2011）と考えることも可能であろう。

　パーソナリティの健康という探求は，ポジティブ心理学によって開かれた比

較的新しい課題である。その結果，健康と関わるパーソナリティ特性としては，VIA の 24 特性やビッグ・ファイブの 5 特性が注目されているが，幸せという主観的な健康は，相互独立的自己感や相互協調的自己感という文化差（北山ら，2007），パーソナリティなどの心理的指標，人口統計学的・疫学的指標，生物学的指標などを総合的に考慮して評価される必要があろう。

　また，人生を意思決定の連続であると考えると，パーソナリティと幸せな人生との関係は，「良い意思決定」の問題でもあろう。「良い意思決定」の結果もたらされる「良い生き方」や「良い社会」といった規範的な問いに対して，パーソナリティ，特に特性論はどう答えうるのであろうか。その意味では，ナラティブなデータによる質的なパーソナリティ研究の意義は大きい。野間（2012）は，「近代的自我を通過した現代の私たちにとって，前近代的な共同体幻想を持つことはもはや不可能である。しかし，私たちが個別存在であることを前提としたうえで，他者とつながり，自然とつながることが今こそ重要であるように思われるのである。」（p.205）と，臨床的立場から共存という幸福論を述べている。

　パーソナリティ研究も，野間のいうような，「……ささやかであっても，これからの生きる力となるような『幸福』……」（p.205）に貢献することを期待したい。

参 考 図 書

セリグマン，M. 宇野 カオリ（監訳）（2014）．ポジティブ心理学の挑戦――"幸福"
　　から"持続的幸福"へ―― ディスカヴァー・トゥエンティワン
　ポジティブ心理学の提唱者がさらに理論を発展させ，ポジティブ感情，エンゲージメントなど，持続的幸福にとって重要な要因をあげている。

パーソナリティと創造性

夢想家，発明家，仙人など，変わっているといわれる人たちがいる。一方，現実的で，はめを外すこともなく，日常生活を淡々と続ける人たちもいる。

上記のような人物の違いをパーソナリティ特徴の違いとみなし，本章では，主にビッグ・ファイブのパーソナリティ特性を基に，その人の現実との関係性を視点として創造性について考える。

15.1　創造性と開放性

創造性（creativity）を，スタンバーグとルバート（Sternberg & Lubert, 1996）は「オリジナルで前もって予測できない新奇性と課題解決に必要な適正性の両方を兼ね備えた，事や物を制作する能力である」としている。このような創造性ともっとも関係するビッグ・ファイブの因子が，新しい経験に対して開かれているというパーソナリティ特徴を示す特性である，開放性因子（Openness; O 因子）である（Feist, 1999）。

ところで，夢やアイデアや奇想天外な思いつきが内面的なものだけに終わらず，そのような夢などが現実に具現化されるとき，その具現化され，あるいは昇華されたものは，ユニークで他に類似のないものとなる。そのとき，その制作行為は「創作」といわれ，その作られたものは，作品や芸術と称されることになる。また，内面的探求の成果は「思想」とよばれることになる。

このような内面的情動と生活世界での行為との関係を考える対象として，芸術や科学的探求，宗教的行動がある。

サログロウ（Saroglou, 2002）は，O 因子得点の違いが，宗教的行動に対す

るその人の目的の違いを表すとしている。すなわち，宗教的行動を，世俗的で
現世利益的な宗教的行動と，人生や宇宙の意味などを探求する宗教的行動に分
け，探求としての宗教的行動を行っている人の O 因子の得点と，探求的，内
面的宗教的行動との相関が高い傾向があることを示している。この結果は，人
生や宇宙という抽象的で，非現実的ともいえる対象を受け入れ思索するパーソ
ナリティ特徴を O 因子が記述していることを意味している。

　それは，O 因子が現実を離れた対象を受け入れるか，現実的なもののみを
受け入れるかという，非現実性，非日常性，あるいは宇宙性を受け入れるかど
うかという開放性を示しているだけでなく，日常から遊離し，その中で楽しむ
ことができるという「遊び心（playfulness；辻ら，1997）」をもその概念に含
有していると考えることもできる。

15.2　芸術家のパーソナリティ

　藤島（1999; Fujishima, 2000）は，芸術家をそのような現実から遊離した世
界を楽しむことができる人たちであると考え，芸術大学彫刻科の学生たちのパ
ーソナリティ特徴を，辻ら（1997）による 5 因子性格検査（FFPQ；藤島ら，
1996; FFPQ 研究会，1998）を使って調査した。その結果，彫刻科の学生たち
の，現実からの遁走や遊び心というパーソナリティ特徴を記述する特性である
遊戯性因子（Playfulness; FFPQ の P 因子，因子の意味内容は NEO-PI-R の O
因子と類似）の得点が一般学生の得点より高かった。さらに，藤島（1999）は，
管理職にあるビジネスマン（206 人）たちの P 因子の得点が一般学生の得点と
比較して低く，またその得点は，森田療法における神経症患者の P 因子の得
点とほぼ同じであることを示している（図 15.1）。

　この結果は，O 因子，あるいは P 因子が，現実を離れてその世界で遊ぶこ
とができるか，あるいは現実に立脚し，そのとらわれの中での生活を選択する
かという，「非現実—現実」の物差しであることを示している。

　この O 因子の得点が，臨床的な心理療法との結びつきが深い重要な因子で
あるという杉浦・丹野（2008）の指摘も上記の考え方を支持するものである。

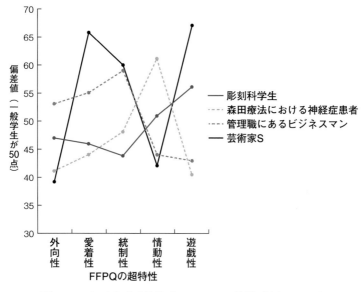

図 15.1 **FFPQ による性格プロフィールの比較**（藤島，1999）

気晴らしや，気移り（divertissement）がコーピングとして有効であるのは，とらわれた現実からの遊離というそれらのコーピングの効果を示している。

　藤島（1999）は，この P 因子の特徴がもっともよく現れている人として，世界で活躍する芸術家である S 氏のパーソナリティ特徴を FFPQ を用いて調査した。その結果，予想通り S 氏の P 因子の得点は，一般学生の得点より高く，かつ彫刻科の学生たちよりもはるかに高い得点であった（**図 15.1**）。

15.3 　制作と創作

　O 因子や P 因子が，現実からの遊離性とその遊離した世界での遊び心を示すものであることは前節で述べた。そのような心の中で生じた思いが動機となり，作品を生み出したり，思想として結実したりする，いわゆる完成までの過程を維持し創作へと導いていくことに関わる特性に NEO-PI-R（Costa &

McCrae, 1992）では勤勉誠実性（conscientiousness; C 因子），FFPQ では統制性（controllingness; C 因子）がある。

　計画通り，最初の意思を曲げずに，あきらめない，など，どの言葉も行為者の責任感や首尾一貫性を示すものであり，生産や再生産にとっては必要であるとされ，そのようなパーソナリティ特徴からなる特性は，NEO-PI-R では「勤勉誠実性（conscientiousness; C 因子）」とされている。確かに，設計図通り制作したり，以前からある思想に従い行動するなどの場合は，勤勉誠実性という概念は有効であろう。

　しかし，創作は，そのユニークさ，非現実性のゆえに，再制作，再生産で終わらない。藤島（1996; Fujishima, 2000）は，彫刻科の学生たちの C 因子について FFPQ を用いて調べたところ，C 因子を構成する要素特性の結果から，彼や彼女らは，無計画，無責任ではなく，今現前にある対象と対話し，自らの意思にしばられることなく自在であるとしている（図 15.2）。この結果は，計

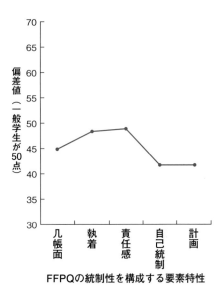

図 15.2　**彫刻科学生の統制性における要素特性の偏差値**（藤島，1996）

画通りが良いとされる制作とは異なり，対象との対話による受け入れと計画変更という精神の自在さが創作には必要であることを示唆している。

作品や思想として，内面の探求が昇華するためには，O 因子における現実遊離性と C 因子における変幻性（柔軟さ，自在さ）の両方が必要なのである。

15.4 人間にとって創造とは

本章では，創造性についてパーソナリティ特性論の立場から論考した。

創造性が，水平的思考法など現実からの逸脱によって測られるとしても，創造性の結果もたらされるもの，本章でいう創作されるものに至るには，現実から遊離し，そこで遊戯し，非現実的なものを受け入れるパーソナリティ特徴が必要であり，そして，そのような心が，作品や思想として昇華するためには，対象との自在な対話という変幻性が必要であるとされた。

パーソナリティ特性論を視点とした「創造性」をパーソナリティ特性の観点からいえば，O 因子をベースに C 因子が関わったものということになる。

ビッグ・ファイブ以外にこの創造性と関わる因子としては，クロニンジャーの気質と性格の 7 因子（Cloninger, 1993）の中の，自己概念発達と呼応した統合的な「自己超越（self-transcendence; ST 因子）」がある。ゴールドバークはこの因子によるパーソナリティの表現には成人になってから環境的・文化的要因が関わることを想定している。

また，エリクソンは彼の発達段階説（Erikson, 1959, 1982）の第 8 段階の重要課題として「統合（integrity）」や「信念（belief）」という課題をあげている。

このような発達の後半に，自己を超えたものとの「統合」や，探求の成果ともいうべき「信念」を達成するには，経験と精神の成熟が必要であると考えられる。しかし，その統合や信念の中身が創作とよばれるためには，ビッグ・ファイブの特性から創造性を考えるとき，経験と精神の統合化に加え，自己の存在を考える実存的な思考過程において，経験と精神を遊戯させる，あるいは自在に交差させる，融通無碍ともいうべき，パーソナリティにおける精神の開放

性と遊戯性という特性が必要となるのである（西平，1993）。

　そして，統合や超越という創作行為が達成されなくても，自己の存在を統合的なものとして思索する人の，考え，言葉，表現されるものには，「知恵（wisdom）」があり，それゆえにそのような思索，探求を行っている人は「老賢者」とよばれることになる。

　中年以後の死への接近が，不条理なもの，自己の存在の宇宙での孤独などという合理的な自己理解を超えたわからないものとの対話をもたらし，その結果，超越，統合，信念と称される創作行為や知恵のある表出行為が生まれることに，パーソナリティ特性を視点とした創造性がどう関わるのかは，今後の重要な課題である。宗教心理学（松島，2011, 2016）や死生心理学（川島，2016）における，パーソナリティが中年期以降の心の発達に与える影響に関する今後の諸研究に期待したい。

参 考 図 書

斎藤 環（2008）．アーティストは境界線上で踊る　みすず書房
　現代美術のアーティストたちへのインタビューと作品論で構成された，パーソナリティ理解の手法としても興味深い一冊。

引 用 文 献

第 1 章

Allport, G. W.（1937）. *Personality: A psychological interpretation.* New York: Henry Holt.

（オールポート，G. W. 詫摩 武俊・青木 孝悦・近藤 由紀子・堀 正（訳）（1982）. パーソナリティ——心理学的解釈—— 新曜社）

Barenbaum, N. B., & Winter, D. G.（2008）. History of modern personality theory and research. In O. P. John, R. W. Robins, & L. A. Pervin（Eds.）, *Handbook of personality: Theory and research*（3rd ed., pp.3-26）. New York: The Guilford Press.

McAdams, D. P.（2008）. *The person: An introduction to the science of personality psychology*（5th ed.）. New York: Wiley.

McAdams, D. P., & Pals, J. L.（2007）. The role of theory in personality research. In R. W. Robins, R. C. Fraley, & R. F. Krueger（Eds.）, *Handbook of research methods in personality psychology*（pp.3-20）. New York: The Guilford Press.

第 2 章

Allport, G. W.（1942）. *The use of personal documents in psychological science.* New York: Social Science Research Council.

（オールポート，G. W. 大場 安則（訳）（1970）. 心理科学における個人的記録の利用法 培風館）

Bruner, J.（1990）. *Acts of meaning.* Cambridge, MA: Harvard University Press.

（ブルーナー，J. 岡本 夏木・仲渡 一美・吉村 啓子（訳）（2016）. 意味の復権——フォークサイコロジーに向けて—— 新装版 ミネルヴァ書房）

木村 敏（1994）. 心の病理を考える 岩波書店

McAdams, D. P.（2008）. *The person: An introduction to the science of personality psychology*（5th ed.）. New York: Wiley.

大野 久（1998）. 伝記分析の意味と有効性——典型の研究—— 青年心理学研究, *10*, 67-71.

岡 隆・津川 律子（2012）. 研究計画の立て方——投映法を意識して—— 津川 律子（編著） 投映法研究の基礎講座 遠見書房

サトウ タツヤ・安田 裕子・木戸 彩恵・高田 沙織・ヴァルシナー，J.（2006）. 複線径路・等至性モデル——人生径路の多様性を描く質的心理学の新しい方法論を目指して—— 質的心理学研究, *5*, 255-275.

やまだ ようこ・麻生 武・サトウ タツヤ・能智 正博・秋田 喜代美・矢守 克也（編）（2013）. 質的心理学ハンドブック 新曜社

横川 和夫（2003）. 降りていく生き方——「べてるの家」が歩む，もうひとつの道—— 太郎次郎社

第3章

Ashton, M. C., & Lee, K.（2001）. A theoretical basis for the major dimensions of personality. *European Journal of Personality, 15*（5）, 327-353.

Costa, P. T., Jr., & McCrae, R. R.（1992）. *Revised NEO Personality Inventory（NEO-PI-R）and NEO Five-Factor Inventory（NEO-FFI）professional manual.* Odessa, FL: Psychological Assessment Resources.

Digman, J. M., & Inouye, J.（1986）. Further specification of the five robust factors of personality. *Journal of Personality and Social Psychology, 50*（1）, 116-123.

FFPQ 研究会（2002）. FFPQ（5因子性格検査）マニュアル　改訂版　北大路書房

Goldberg, L. R.（1990）. An alternative "description of personality": The Big-Five factor structure. *Journal of Personality and Social Psychology, 59*, 1216-1229.

伊沢 秀而・山口 薫・タツオカ，M. M.・茂木 茂八・内山 武治・上野 一彦（1982）. 16PF 人格検査　日本文化科学社

Lee, K., & Ashton, M. C.（2004）. Psychometric properties of the HEXACO personality inventory. *Multivariate Behavioral Research, 39*, 329-358.

Norman, W. T.（1963）. Toward an adequate taxonomy of personality attiributes: Replicated factor structure in peer nomination personality ratings. *The Journal of Abnormal and Social Psychology, 66*, 574-583.

Plutchik, R., & Conte, H. R.（Eds.）.（1997）. *Circumplex models of personality and emotions.* American Psychological Associations.
（プルチック，R.・コント，H. R. 橋本 泰央・小塩 真司（訳）（2019）. 円環モデルからみたパーソナリティと感情の心理学　福村出版）

下仲 順子・中里 克治・権藤 恭之（2011）. 日本版 NEO-PI-R, NEO-FFI 使用マニュアル　改訂増補版　東京心理

Wakabayashi, A.（2014）. A sixth personality domain that is independent of the Big Five domains: The psychometric properties of the HEXACO personality inventory in a Japanese sample. *Japanese Psychological Research, 56*（3）, 211-223.

第4章

Canli, T.（2009）. Neuroimaging of personality. In P. J. Corr, & G. Matthews（Eds.）, *The Cambridge handbook of personality psychology*（pp.305-322）. New York: Cambridge University Press.

De Young, C. G., & Gray, J. R.（2009）. Personality neuroscience: Explaining individual differences in affect, behaviour and cognition. In P. J. Corr, & G. Matthews（Eds.）, *The Cambridge handbook of personality psychology*（pp.323-346）. New York: Cambridge University Press.

Ebstein, R. P., Novick, O., Umansky, R., Priel, B., Osher, Y., Blaine, D., ...Belmaker, R. H.（1996）. Dopamine D4 receptor（D4DR）exon Ⅲ polymorphism associated with the human personality trait of novelty seeking. *Nature Genetics, 12,* 78-80.

Zuckerman, M. (2005). *Psychobiology of personality* (2nd ed.). New York: Cambridge University Press.

第 5 章

Allport, G. W. (1961). *Pattern and growth in personality.* New York: Holt, Rinehart & Winston.

安藤 寿康 (2012). 遺伝子の不都合な真実——すべての能力は遺伝である—— 筑摩書房

Ando, J., Suzuki, A., Yamagata, S., Kijima, N., Maekawa, H., Ono, Y., & Jang, K. L. (2004). Genetic and environment structure of Cloninger's temperament and character dimensions. *Journal of Personality Disorders, 18,* 379-393.

Berman, S., Ozkaragoz, T., Young, R. M., & Nobel, E. P. (2002). D2 dopamine receptor gene polymorphism discriminates two kinds of novelty seeking. *Personality and Individual Differences, 33,* 867-882.

Bouchard, T. J., Jr., & Loehlin, J. C. (2001). Genes, evolution, and personality. *Behavior Genetics, 31,* 243-273.

Buss, A. H., & Plomin, R. (1984). *Temperament: Early developing personality traits.* Hillsdale, NJ: Lawrence Erlbaum Associates.

Canli, T. (2004). Functional brain mapping of extraversion and neuroticism: Learning from individual differences in emotion processing. *Journal of Personality, 72,* 1105-1132.

Carver, C. S., & White, T. L. (1994). Behavioral inhibition, behavioral activation, and affective responses to impending reward and punishment: The BIS/BAS Scales. *Journal of Personality and Social Psychology, 67* (2), 319-333.

Caspi, A., McCray, J., Moffitt, T. E., Mill, J., Martin, J., Craig, I. W., ...Poulton, R. (2002). Role of genotype in the cycle of violence in maltreated children. *Science, 297,* 851-854.

Caspi, A., Sugden, K., Moffitt, T. E., Taylor, A., Craig, I. W., Harrington, H. J., ...Poulton, R. (2003). Influence of life stress on depression: Moderation by a polymorphism in the 5-HTT gene. *Science, 301,* 386-389.

Cloninger, C. R. (1994). Temperament and personality. *Current Opinion in Neurobiology, 4,* 266-273.

Cloninger, C. R., Adolfsson, R., & Svrakic, N. M. (1996). Mapping genes for human personality. *Nature Genetics, 12,* 3-4.

Cloninger, C. R., Svrakic, D. M., & Przybeck, T. R. (1993). A psychobiological model of temperament and character. *Archives of General Psychiatry, 50,* 975-990.

Costa, P. T., Jr., & McCrae, R. R. (1992). *Revised NEO Personality Inventory (NEO-PI-R) and NEO Five-Factor Inventory (NEO-FFI) professional manual.* Odessa, FL: Psychological Assessment Resources.

Eysenck, H. J. (1967). *The biological basis of personality.* Springfield: C. C. Thomas.

Eysenck, S. B. G., Eysenck, H. J., & Barrett, P. (1985). A revised version of the psychoticism scale. *Personality and Individual Differences, 6,* 21-29.

Falconer, D. S. (1960). *Introduction to quantitative genetics.* New York: Ronald Press.

Gray, J. A. (1970). The psychophysiological basis of introversion-extraversion. *Behavior Research and Therapy, 8,* 249-266.

Gray, J. A. (1987). *The psychology of fear and stress* (2nd ed.). New York: Cambridge University Press.

Hariri, A. R., Mattay, V. S., & Tessitore, A. (2002). Serotonin transporter genetic variation and the response of the human amygdala. *Science, 297,* 400-403.

Jang, K. L., Livesley, W. J., Angleitner, A., Riemann, R., & Vernon, P. A. (2002). Genetic and environmental influences on the covariance of facets defining the domains of the Five-Factor Model of personality. *Personality and Individual Differences, 33,* 83-101.

Jang, K. L., Livesley, W. J., & Vernon, P. A. (1996). Heritability of the Big Five personality dimensions and their facets: A twin study. *Journal of Personality, 64,* 577-592.

Kagan, J. (1989). Temperamental contributions to social behavior. *American Psychologist, 44,* 668-674.

小林 正法・丹野 義彦 (2013). エフォートフル・コントロールは検索誘導性忘却を予測する パーソナリティ研究, *22* (1), 77-79.

Kochanska, G., & Aksan, N. (2006). Children's conscience and self-regulation. *Journal of Personality, 74,* 1587-1617.

Lesch, K. P., Bengel, D., Heils, A., Sabol, S. Z., Greenberg, B. D., & Petri, S. (1996). Association of anxiety-related traits with a polymorphism in the serotonin transporter gene regulatory region. *Science, 274,* 1527-1531.

Li-Grinning, C. P. (2007). Effortful control among low-income preschoolers in three cities: Stability, change, and individual differences. *Developmental Psychology, 43,* 208-221.

Loehlin, J. C., McCrae, R. R., & Costa, P. T., Jr. (1998). Heritabilities of common and measure-specific components of the Big Five personality factors. *Journal of Research in Personality, 32,* 431-453.

McAdams, D. P. (2008). *The person: An introduction to the science of personality psychology* (5th ed.). New York: Wiley.

太田 邦史 (2013). エピゲノムと生命——DNA だけでない「遺伝」のしくみ—— 講談社

Rothbart, M. K., & Bates, J. E. (1998). Temperament. In N. Eisenberg (Ed.), & W. Damon (Series Ed.), *Handbook of child psychology* (Vol. 3)*: Social, emotional, and personality development* (5th ed., pp.105-176). New York: Wiley.

坂野 登 (1998). FFM の神経心理学的検討 辻 平治郎 (編) 5 因子性格検査の理論と実際 ——こころをはかる 5 つのものさし—— (pp.247-264) 北大路書房

Saucier, G., & Simonds, J. (2006). The structure of personality and temperament. In D. K. Mroczek, & T. D. Little (Eds.), *Handbook of personality development* (pp.109-128). Mahwah, NJ: Erlbaum.

Scarr, S., & McCartney, K. (1983). How people make their own environments: A theory of genotype → environment effects. *Child Development, 54*, 424-435.

敷島 千鶴・木島 伸彦・安藤 寿康 (2012). Cloninger のパーソナリティ7次元と IQ――遺伝要因と環境要因の重なりから―― パーソナリティ研究, *21* (2), 197-200.

高橋 雄介・山形 伸二・木島 伸彦・繁桝 算男・大野 裕・安藤 寿康 (2007). Gray の気質モデル――BIS/BAS 尺度日本語版の作成と双生児法による行動遺伝学的検討―― パーソナリティ研究, *15* (3), 276-289.

Thomas, A., Chess, S., & Birch, H. G. (1970). The origin of personality. *Scientific American, 223*, 102-109.

第6章

Buss, D. M. (2010). Personality and the adaptive landscape: The role of individual differences in creating and solving social adaptive problems. In D. M. Buss, & P. H. Hawley (Eds.), *The evolution of personality and individual differences* (pp.29-57). New York: Oxford University Press.

Buss, D. M., Abbott, M., Angleitner, A., Asherian, A., Biaggio, A., Blanco-Villasenor, A., … Yang, K.-S. (1990). International preferences in selecting mates: A study of 37 cultures. *Journal of Cross-Cultural Psychology, 21*, 5-47.

Camperio Ciani, A. S., Capiluppi, C., Veronese, A., & Sartori, G. (2007). The adaptive value of personality differences revealed by small island population dynamics. *European Journal of Personality, 21*, 3-22.

Capitano, J. P., & Widaman, K. F. (2005). Confirmatory factor analysis of personality structure in adult male rhesus monkey (Macaca mulatta). *American Journal of Primatology, 65*, 289-294.

Cartwright, J. H. (2001). *Evolutionary explanations of human behavior.* Psychology Press.
（カートライト, J. H. 鈴木 光太郎・河野 和明 (訳) (2005). 進化心理学入門 新曜社）

King, J. E., & Figueredo, A. J. (1997). The Five-Factor model plus dominance in chimpanzee personality. *Journal of Research in Personality, 31*, 257-271.

Lecurto, C. (2007). Individual differences and animal personality. *Comparative Cognition and Behavior Reviews, 2*, 67-78.

Nettle, D. (2006). The evolution of personality variation in humans and other animals. *American Psychologist, 61*, 622-631.

Nettle, D. (2007). *Personality: What makes you the way you are.* Oxford: Oxford University Press.
（ネトル, D. 武内 和世 (訳) (2009). パーソナリティを科学する――特性5因子であなたがわかる―― 白揚社）

Nettle, D. (2010). Evolutionary perspectives on the Five-Factor Model of personality. In D. M.

Buss, & P. H. Hawley (Eds.), *The evolution of personality and individual differences* (pp.5-28). New York: Oxford University Press.

Uher, J., & Asendorpf, J. B. (2007). Personality assessment in the great apes: Comparing ecologically valid behavior measures, behavior ratings, and adjective ratings. *Journal of Research in Personality, 42,* 821-838.

第7章

榎本 博明 (2002). 〈ほんとうの自分〉のつくり方――自己物語の心理学――   講談社

榎本 博明 (2008). 自己物語から自己の発達をとらえる   榎本 博明 (編) 生涯発達心理学へのアプローチ (pp.62-81)   金子書房

Erikson, E. H. (1959). *Identity and the life cycle: Selected papers.* New York : International Universities Press.

Erikson, E. H. (1963). *Childhood and society* (2nd ed.). New York: Norton.

Erikson, E. H. (1982). *The life cycle completed: A review.* New York: Norton.

福井 裕子 (1999). 再び迷いの中へ――中年期の光と闇――   松尾 恒子・康 智善・友久 茂子・番匠 明美・福井 裕子   ライフサイクルの心理学――こころの危機を生きる――   (pp.147-175)   燃焼社

Jung, C. G. (1933/1960). The stages of life. In G. Adler, & R. F. C. Full (Eds.), *Structure and dynamics of the psyche* (pp.749-795). Princeton University Press.

Jung, C. G. (1946). Die Lebenswende. In C. G. Jung *Seelenproblem der Gegenwart.* Zürich: Rascher.

(ユング, C. G. 鎌田 輝男 (訳) (1979). 人生の転換期 現代思想, *7* (5), 42-55.)

Kahn, S., Zimmerman, G., Csikszentmihalyi, M., & Getzels, J. W. (1985). Relations between identity in young adulthood and intimacy at midlife. *Journal of Personality and Social Psychology, 49,* 1316-1322.

加藤 厚 (1983). 大学生における同一性の諸相とその構造   教育心理学研究. *31* (4), 292-302.

河合 隼雄 (1977). 無意識の構造   中央公論社

河合 隼雄 (1994). 働きざかりの落とし穴――中年の発達心理学――   河合 隼雄   河合隼雄著作集13   生きることと死ぬこと   岩波書店

川島 大輔 (2005). 老年期の死の意味づけを巡る研究知見と課題   京都大学大学院教育学研究科紀要, *51,* 247-261.

Levinson, D. J. (1978). *The seasons of a man's life.* New York: Knopf.

(レビンソン, D. J. 南 博 (訳) (1980). 人生の四季――中年をいかに生きるか――   講談社)

Marcia, J. E. (1966). Development and validation of ego-identity status. *Journal of Personality and Social Psychology, 3,* 551-558.

丸島 令子 (2009). 成人の心理学――世代性と人格的成熟――   ナカニシヤ出版

McAdams, D. P. (1999). Personal narratives and the life story. In L. A. Pervin, & O. P. John (Eds.), *Handbook of personality: Theory and research* (2nd ed., pp.478-500). New York: The Guilford Press.

McAdams, D. P. (2001). Generativity in midlife. In M. E. Lachman (Ed.), *Handbook of midlife development* (pp.395-443). New York, Wiley.

McAdams, D. P. (2008). *The person: An introduction to the science of personality psychology* (5th ed.). New York: Wiley.

McAdams, D. P., & de St. Aubin, E. (1992). A theory of generativity and its assessment through self-report, behavioral acts, and narrative themes in autobiography. *Journal of Personality and Social Psychology, 62*, 1003-1015.

宮下 一博 (1987). Rasumussen の自我同一性尺度の日本語版の検討　教育心理学研究, *35* (3), 253-258.

無藤 隆・やまだ ようこ (編) (1995). 生涯発達心理学とは何か――理論と方法――　金子書房

西平 直 (1993). エリクソンの人間学　東京大学出版会

岡本 祐子 (2002). 成人女性のアイデンティティの危機と発達　岡本 祐子 (編著) アイデンティティ生涯発達論の射程 (pp.79-120)　ミネルヴァ書房

Schwartz, S. J. (2001). The evolution of Eriksonian and neo-Eriksonian identity theory and research: A review and integration. *Identity: An International Journal of Theory and Research, 1*, 7-58.

やまだ ようこ (編著) (2000a). 人生を物語る――生成のライフストーリー――　ミネルヴァ書房

やまだ ようこ (2000b). 人生を物語ることの意味――なぜライフストーリー研究か？――　教育心理学年報, *39*, 146-161.

第8章

Brennan, K. A., Clark, C. L., & Shaver, P. R. (1998). Self-report measurement of adult attachment: An integrative overview. In J. A. Simpson, & W. S. Rholes (Eds.), *Attachment theory and close relationships* (pp.46-76). The Guilford Press.

Fraley, R. C., Heffernan, M. E., Vicary, A. M., & Brumbaugh, C. C. (2011). The experiences in close relationships-relationship questionnaire: A method for assessing attachment orientations across relationships. *Psychological Assessment, 23*, 615-625.

George, C., Kaplan, N., & Main, M. (1996). *Adult attachment interview.* Unpublished manuscript (3rd ed.). Berkeley, CA: Department of Psychology, University of California.

古村 健太郎・村上 達也・戸田 弘二 (2007). アダルト・アタッチメント・スタイル尺度 (ECR-RS) 日本語版の妥当性評価　心理学研究, *87*, 303-313.

Krahé, B. (1992). *Personality and social psychology: Towards a synthesis.* London: SAGE.
(クラーエ, B. 堀毛 一也 (編訳) (1996). 社会的状況とパーソナリティ　北大路書房)

レヴィット，M. J.（2007）．児童・青年期の人間関係——コンボイ・モデルによる検討——
　　ルイス，M.・高橋 惠子（編）高橋 惠子（監訳）愛着からソーシャル・ネットワークへ
　　——発達心理学の新展開——（pp.39-71）　新曜社

Lewis, M., & Takahashi, K. (Eds.). (2005). *Beyond the dyad: Conceptualization of social networks.* Switzerland: Karger.
　　（ルイス，M.・高橋 惠子（編）高橋 惠子（監訳）（2007）．愛着からソーシャル・ネットワークへ——発達心理学の新展開——　新曜社）

Main, M., & Solomon, J. (1990). Procedures for identifying infants as disorganized/disoriented during the Ainsworth Strange Situation. In M. T. Greenberg, D. Cicchetti, & E. M. Cummings (Eds.), *Attachment in the preschool years: Theory, reaserch, and intervention* (pp.121-160). Chicago, IL: The University of Chicago Press.

Markus, H. R., & Kitayama, S. (1991). Culture and the self: Implications for cognition, emotion, and motivation. *Psychological Review, 98,* 224-253.

Meins, E., Fernyhough, C., Wainright, R., Clark-Carter, D., Gupta, M. D., Fradley, E., & Tuckey, M. (2003). Pathways to understanding mind: Construct validity and predictive validity of maternal mind-mindedness. *Child Development, 74,* 1194-1211.

Mischel, W. (1968). *Personality and assessment.* New York: Wiley.
　　（ミッシェル，W.　詫摩 武俊（監訳）（1992）．パーソナリティの理論——状況主義的アプローチ——　誠信書房）

Mischel, W., & Shoda, Y. (1995). A cognitive-affective system theory of personality: Reconceptualizing situations, dispositions, dynamics, and invariance in personality structure. *Psychological Review, 102* (2), 246-268.

中尾 達馬（2012）．成人のアタッチメント——愛着スタイルと行動パターン——　ナカニシヤ出版

中尾 達馬・加藤 和生（2004a）．成人愛着スタイル尺度（ECR）の日本語版作成の試み　心理学研究，*75,* 154-159.

中尾 達馬・加藤 和生（2004b）．"一般他者" を想定した愛着スタイル尺度の信頼性と妥当性の検討　九州大学心理学研究，*5,* 19-27.

Super, C. M., & Harkness, S. (1986). The developmental niche: A conceptualization at the interface of child and culture. *International Journal of Behavioral Development, 9,* 545-569.

戸田 弘二（1988）．青年期後期における基本的対人態度と愛着スタイル——作業仮説（working models）からの検討——　日本心理学会第 52 回大会発表論文集，27.

第9章

安達 圭一郎・上地 安昭・浅川 潔司（1985）．男性性・女性性・心理的両性性に関する研究（1）——日本版 BSRI 作成の試み——　日本教育心理学会第 27 回総会発表論文集，484-485.

青木 淳（2003）．アクセス　ポイント 2003　若者の姿勢　読売新聞 6 月 27 日夕刊

青野 篤子（2005）.「女性」とは？「男性」とは？　青野 篤子・森永 康子・土肥 伊都子　ジェンダーの心理学——「男女の思いこみ」を科学する——　改訂版（pp.1-24）　ミネルヴァ書房

Bakhtin, M. (1973). *Problems of Dostoevsky's poetics* (2nd ed.) (R.W. Rotsel, Trans.). Ann Arbor, MI: Ardis. (Original work published 1929)

（バフチン，M. 望月 哲男・鈴木 淳一（訳）（1995）. ドストエフスキーの詩学　筑摩書房）

Bem, S. L. (1974). The measurement of psychological androgyny. *Journal of Consulting and Clinical Psychology, 42,* 155-162.

Bem, S. L. (1993). *The lenses of gender: Transforming the debate on sexual quality.* New Haven: Yale University Press.

Derrida, J. (1972/1981). *Positions.* Chicago: University of Chicago Press.

Dixon, T. M., & Baumeister, R. F. (1991). Escaping the self: The moderating effect of self-complexity. *Personality and Social Psychology Bulletin, 17,* 363-368.

遠藤 由美（1992）. 自己認知と自己評価の関係——重みづけをした理想自己と現実自己の差異スコアからの検討——　教育心理学研究，40，157-163.

榎本 博明（2009）. 自己概念と適応　榎本 博明・安藤 寿康・堀毛 一也　パーソナリティの心理学——人間科学，自然科学，社会科学のクロスロード——　（pp.35-58）　有斐閣

Freud, S. (1900/1953). *The interpretation of dreams.* In J. Strachery (Ed. & Trans.), *The standard edition of the complete psychological works of Sigmund Freud* (Vols.4-5). London: Hogarth Press.

（フロイト，S. 高橋 義孝（訳）（1969）. 夢判断（上・下）　新潮社）

Freud, S. (1923/1961). *The ego and the id.* In J. Strachery (Ed. & Trans.), *The standard edition of the complete psychological works of Sigmund Freud* (Vol.19). London: Hogarth Press.

Harter, S. (1985). *The self-perception profile for children.* Denver: University of Denver.

Harter, S. (1988). *The self-perception profile for adolescents.* Denver: University of Denver.

Hermans, H. J. M., Kempen, H. J. G., & van Loon, R. J. P. (1992). The dialogical self: Beyond individualism and rationalism. *American Psychologist, 47,* 23-33.

Hermans, H. J. M., & Kempen, H. J. G. (1993). *The dialogical self: Meaning as movement.* San Diego, California: Academic Press.

（ハーマンズ，H. J. M.・ケンペン，H. J. G. 溝上 慎一・水間 玲子・森岡 正芳（訳）（2006）. 対話的自己——デカルト／ジェームズ／ミードを超えて——　新曜社）

Higgins, E. T. (1987). Self-discrepancy: A theory relating self and affect. *Psychological Review, 94,* 319-340.

Higgins, E. T. (1997). Beyond pleasure and pain. *American Psychologist, 52,* 1280-1300.

James, W. (1892). *Psychology: The briefer course.* London: Macmillan.

（ジェームズ，W. 今田 寛（訳）（1992, 1993）. 心理学（上・下）　岩波書店）

河合 隼雄（1967）. ユング心理学入門　培風館

King, L. A., & Hicks, J. A.（2006）．Narrating the self in the past and the future: Implications for maturity. *Research in Human Development, 3*, 121-138.

King, L. A., & Hicks, J. A.（2007）．Whatever happened to "what might have been"? Regrets, happiness, and maturity. *American Psychologist, 62*, 625-636.

古澤 賴雄（1996）．青年期の自己の発達と社会文化的文脈に関する日米比較研究　比較文化（東京女子大学比較文化研究所），*42*（2），8-10.

古澤 賴雄（1998）．青年・父親・母親三者関係における自己有能感に関する日米比較　東京女子大学比較文化研究所紀要，*59*，89-113.

Linville, P. W.（1985）．Self-complexity and affective extremity: Don't put all of your eggs in one cognitive basket. *Social Cognition, 3*, 94-120.

Linville, P. W.（1987）．Self-complexity as a cognitive buffer against stress-related illness and depression. *Journal of Personality and Social Psychology, 52*, 663-676.

Lyotard, J. F.（1979）．*La condition postmoderne: Rapport sur le savoir.* Paris: Les Éditions de Minuit.

　　（リオタール，J. F. 小林 康夫（訳）（1986）．ポスト・モダンの条件——知・社会・言語ゲーム——　水声社）

眞榮城 和美・菅原 ますみ・酒井 厚・菅原 健介（2007）．改訂・自己知覚尺度日本語版の作成——児童版・青年版・大学生版を対象として——　心理学研究，*78*（2），182-188.

Markus, H.（1977）．Self-schemata and processing information about the self. *Journal of Personality and Social Psychology, 35*, 63-78.

Markus, H.（1983）．Self-knowledge: An expanded view. *Journal of Personality, 51*, 543-565.

Markus, H., & Nurius, P.（1986）．Possible selves. *American Psychologist, 41*, 954-969.

McAdams, D. P.（2008）．*The person: An introduction to the science of personality psychology*（5th ed.）．New York: Wiley.

Miller, N. E., & Dollard, J.（1941）．*Social learning and imitation.* New Haven, CT: Yale University Press.

溝上 慎一（2008）．自己形成の心理学——他者の森をかけ抜けて自己になる——　世界思想社

Neemann, J., & Harter, S.（1986）．*Self-perception profile for college students.* Denver: University of Denver.

Ogilvie, D. M.（1987）．The undesired self: A neglected variable in personality research. *Journal of Personality and Social Psychology, 52*, 379-385.

Ogilvie, D. M., Cohen, F., & Solomon, S.（2008）．The undesired self: Deadly connotations. *Journal of Research in Personality, 42*, 564-576.

Rafaeli-Mor, E., & Steinberg, J.（2002）．Self-complexity and well-being: A review and research synthesis. *Personality and Social Psychology Review, 6*, 31-58.

佐々木 掌子・山形 伸二・敷島 千鶴・尾崎 幸謙・安藤 寿康（2009）．性役割パーソナリティ（BSRI）の個人差に及ぼす遺伝的性差・環境的性差　心理学研究，*80*（4），330-338.

新宮 一成（2000）．夢分析　岩波書店

鈴木 敦子（2006）．心理学とジェンダー——ジェンダーの心理学とは何か——　鈴木 敦子・
　　柏木 惠子　ジェンダーの心理学——心と行動への新しい視座——（pp.1-34）　培風館

Woolfolk, R. L., Novalany, J., Gara, M. A., & Alien, L. A.（1995）．Self-complexity, self-evaluation,
　　and depression: An examination of form and content within the self-schema. *Journal of*
　　Personality and Social Psychology, 68, 1108-1120.

第 10 章

Banaji, M. R., & Greenwald, A. G.（2013）．*Blindspot: Hidden biases of good people.* Brockman.
　　（バナージ，M. R.・グリーンワルド，A. G.　北村 英哉・小林 知博（訳）（2015）．心
　　の中のブラインド・スポット——善良な人々に潜む非意識のバイアス——　北大路書
　　房）

Bieri, J.（1955）．Cognitive complexity-simplicity and predictive behavior. *The Journal of Abnor-*
　　mal and Social Psychology, 51（2），263-268.

Curry, L.（1983）．An organization of learning styles theory and constructs. *Paper presented at*
　　the Annual Meeting of the American Educational Research Association（67th, Montreal）.

藤井 勉（2013）．対人不安 IAT の作成および妥当性・信頼性の検討　パーソナリティ研究，
　　22, 23-36.

藤井 勉・相川 充（2013）．シャイネスの二重分離モデルの検証——IAT を用いて——　心理
　　学研究，*84,* 529-535.

Greenwald, A. G., McGhee, D. E., & Schwartz, J. L. K.（1998）．Measuring individual differ-
　　ences in implicit cognition: The implicit association test. *Journal of Personality and Social*
　　Psychology, 74, 1464-1480.

林 文俊（1976）．対人認知構造における個人差の測定（1）——認知的複雑性の測度について
　　の予備的検討——　名古屋大學教育學部紀要　教育心理学科，*23,* 27-38.

Kagan, J.（1966）Reflection-impulsivity: The generality and dynamics of conceptual tempo.
　　Journal of Abnormal Psychology, 71, 17-24.

Kagan, J., Rosman, B. L., Day, D., Albert, J., & Phillips, W.（1964）．Information processing in
　　the child: Significance of analytic and reflective attitudes. *Psychological Monographs:*
　　General and Applied, 78, 1-37.

Mischel, W.（1968）．*Personality and assessment.* New York: Wiley.
　　（ミッシェル，W. 詫摩 武俊（監訳）（1992）．パーソナリティの理論——状況主義的ア
　　プローチ——　誠信書房）

Mischel, W. & Shoda, Y.（1995）．A cognitive-affective system theory of personality:
　　Reconceptualizing situations, dispositions, dynamics, and invariance in personality
　　structure. *Psychological Review, 102,* 246-268.

水口 禮治（1988）．認知のしかたとパーソナリティ　こころの科学，*20,* 61-67.

小塩 真司・西野 拓朗・速水 敏彦（2009）．潜在的・顕在的自尊感情と仮想的有能感の関連

パーソナリティ研究, *17*, 250-260.

坂元 章（1988）．認知的複雑性と社会的適応――分化性と統合性による認知システム類型化の試み―― 心理学評論, *31*, 480-507.

Salkind, N. J., & Wright, J. C.（1977）．The development of reflection-impulsivity and cognitive efficiency: An integrated model. *Human Development, 20*, 377-387.

Sternberg, R. J.（1997）．*Thinking styles.* New York: Cambridge University Press.
（スタンバーグ, R. J. 松村 暢隆・比留間 太白（訳）（2000）．思考スタイル――能力を生かすもの―― 新曜社）

Witkin, H. A., & Goodenough, D. R.（1981）．*Cognitive styles: Essence and origins.* New York: International University Press.
（ウィトキン, H. A. ・グッドイナフ, D. R. 島津 一夫（監訳）塚本 伸一（訳）（1985）．認知スタイル――本質と起源―― ブレーン出版）

山口 陽弘・久野 雅樹（1994）．認知的複雑性の測度に関する多面的検討 東京大学教育学部紀要, *34*, 279-299.

第11章

Baddeley, A. D.（2000）．The episodic buffer: A new component of working memory? *Trends in Cognitive Science*s, *4*, 417-423.

Gardner, H.（2000）．*Intelligence reframed: Multiple intelligences for the 21st century.* New York: Basic Books.
（ガードナー, H. 松村 暢隆（訳）（2001）．MI――個性を生かす多重知能の理論―― 新曜社）

Goleman, D.（1996）．*Emotional intelligence: Why it can matter more than IQ.* New York: Bantam.
（ゴールマン, D. 土屋 京子（訳）（1998）．EQ――こころの知能指数―― 講談社）

Guilford, J. P.（1988）．Some changes in the sructure-of-intellect model. *Educational and Psychological Measurement, 48*, 1-4.

久本 博行・関口 理久子（2011）．やさしい Excel で心理学実験 培風館

MacCan, C., & Roberts, R. D.（2008）．New paradigm for assessing emotional intelligence: Theory and data. *Emotion, 8*, 540-551.

Matthews, G., Zeidner, M., & Roberts, R. D.（2012）．Emotional intelligence: A promise unfulfilled? *Japanese Psychological Research, 54*, 105-127.

Mayer, J. D., Salovey, P., Caruso, D. R., & Sitarenios, G.（2003）．Measuring emotional intelligence with the MSCEIT V2.0. *Emotion, 3*, 97-105.

McDaniel, M. A., Hartman, N. S., Whetzel, D. L., & Grubb, W. L. III（2007）．Situational judgment tests, response instructions, and validity: A meta-analysis. *Personnel Psychology, 60*, 63-91.

三好 一英・服部 環（2010）．海外における知能研究と CHC 理論 筑波大学心理学研究, *40*,

1-7.

苧阪 満里子・苧阪 直行（1994）．読みとワーキングメモリ容量——日本語版リーディングス
　パンテストによる測定——　心理学研究, 65, 339-345.

Schneider, W. J., & McGrew, K. S.（2012）. The Cattell-Horn-Carroll model of intelligence. In D.
　P. Flanagan, & P. L. Harrison（Eds.）, *Contemporary intellectual assessment: Theories, tests,*
　and issues（pp.99-144）. New York: The Guilford Press.

内山 喜久雄・島井 哲志・宇津木 成介・大竹 恵子（2001）．EQS（エクス）・EQ（情動知能）
　スケール　実務教育出版

第 12 章

Atkinson, J. W.（1964）. *An introduction to motivation.* Van Nostrand.

速水 敏彦（2012）．感情的動機づけ理論の展開——やる気の素顔——　ナカニシヤ出版

堀野 緑（1991）．成功恐怖の再検討　実験社会心理学研究, 31, 61-68.

Horner, M. S.（1972）. Toward an understanding of achievement-related conflicts in women.
　Journal of Social Issues, 28, 157-175.

Maslow, A. H.（1987）. *Motivation and personality*（3rd ed.）. New York: Harper & Row.

Murray, H. A.（2008）. *Explorations in personality*（70th Anniversary ed.）. New York: Oxford
　University Press.

Ryan, R. M., & Deci, E. L.（2000）. Self-determination theory and the facilitation of intrinsic mo-
　tivation, social development, and well-being. *American Psychologist, 55*, 68-78.

田中 秀明・桜井 茂男（1995）．一般的因果律志向性尺度の作成と妥当性の検討　奈良教育大
　学教育研究所紀要, 31, 177-184.

第 13 章

American Psychiatric Association（2013）. *Diagnostic and Statistical Manual of mental disorders:*
　DSM-5（5th ed.）. American Psychiatric Association.
　（アメリカ精神医学会　髙橋 三郎・大野 裕（監訳）（2014）．DSM-5 精神疾患の診断・統
　計マニュアル　医学書院）

Beck, A. T.（1976）. *Cognitive therapy and the emotional disorders.* New York: Meridian.
　（ベック, A. T. 大野 裕（訳）（1990）．認知療法——精神療法の新しい発展——　岩崎
　学術出版社）

Grothberg, E. H.（1996）. The international resilience project findings from the research and
　the effectiveness of interventions. *Paper presented at the 54th annual convention of the In-*
　ternational Council of Psychologists（Banff, Canada）.

平野 真理（2010）．レジリエンスの資質的要因・獲得的要因の分類の試み——二次元レジリ
　エンス要因尺度（BRS）の作成——　パーソナリティ研究, 19, 94-106.

石毛 みどり・無藤 隆（2006）．中学生のレジリエンスとパーソナリティとの関連　パーソナ
　リティ研究, 14, 266-280.

石井 京子 (2009). レジリエンスの定義と研究動向 看護研究, *42*, 3-14.

Kobasa, S. C. (1979). Stressful life events, personality, and health: An inquiry into hardiness. *Journal of Personality and Social Psychology, 37*, 1-11.

Lazarus, R. S. (1999). *Stress and emotion: A new synthesis.* New York: Springer.
(ラザルス, R. S. 本明 寛 (監訳) 小川 浩・野口 京子・八尋 華那雄 (訳) (2004). ストレスと情動の心理学――ナラティブ研究の視点から―― 実務教育出版)

森 敏昭・清水 益治・石田 潤・冨永 美穂子・Hiew, C. C. (2002). 大学生の自己教育力とレジリエンスの関係 学校教育実践学研究, *8*, 179-187.

森田 正馬 (2004). 神経質の本態と療法――森田療法を理解する必読の原典―― 新版 白揚社

小塩 真司・中谷 素之・金子 一史・長峰 伸治 (2002). ネガティブな出来事からの立ち直りを導く心理的特性――精神的回復力尺度の作成―― カウンセリング研究, *35*, 57-65.

齊藤 和貴・岡安 孝弘 (2010). 大学生用レジリエンス尺度の作成 明治大学心理社会学研究, *5*, 22-32.

佐藤 琢志・祐宗 省三 (2009). レジリエンス尺度の標準化の試み――『S-H 式レジリエンス検査 (パート 1)』の作成および信頼性・妥当性の検討―― 看護研究, *42*, 45-52.

下田 光造 (1941). 躁うつ病の病前性格について 精神神経学雑誌, *45*, 101-103.

Tellenbach, H. (1983). *Melancholie: Problemgeschichte, Endogenität, Typologie Pathogenese Klinik.* Berlin: Springer.
(テレンバッハ, H. 木村 敏 (訳) (1985). メランコリー 改訂増補版 みすず書房)

第14章

秋山 弘子 (2010). Aging in Place 住み慣れた地域で自分らしく生きる――老年学からのアプローチ―― 2009 年度第 1 回 NEC C&C 財団シンポジウム基調講演

Argyle, M., & Lu, L. (1990). Happiness and social skills. *Personality and Individual Differences, 11*, 1255-1262.

Aristoteles. *Ethica Nicomachea.*
(アリストテレス 高田 三郎 (訳) (1971, 1973). ニコマコス倫理学 (上・下) 岩波書店)

Bogg, T., & Roberts, B. W. (2004). Conscientiousness and health-related behaviors: A meta-analysis of the leading behavioral contributors to mortality. *Psychological Bulletin, 130*, 887-919.

Bryant, F. B. (2003). Savoring beliefs inventory (SBI): A scale for measuring beliefs about savoring. *Journal of Mental Health, 12*, 175-196.

Cacioppo, J. T., Berntson, G. G., Bechara, A., Tranel, D., & Hawkley, L. C. (2011). Could an aging brain contribute to subjective well-being?: The value added by a social neuroscience perspective. In A. Todorov, S. T. Fiske, D. Prentice, & D. A. Prentice (Eds.), *Social neuroscience: Toward understanding the underpinnings of the social mind* (pp.249-262). New

York: Oxford University Press.

Carstensen, L. L., Pasupathi, M., Mayr, U., & Nesselroade, J. R.（2000）. Emotional experience in everyday life across the adult life span. *Journal of Personality and Social Psychology, 79*（4）, 644-655.

Costa, P. T., Jr., & McCrae, R. R.（1984）. Personality as a lifelong determinant of well-being. In C. Malatesta, & C. Izard（Eds.）, *Affective process in adult development and aging*（pp.141-157）. Beverly Hills, CA: SAGE.

Costa, P. T., Jr., & McCrae, R. R.（1992）. *Revised NEO Personality Inventory（NEO-PI-R）and NEO Five-Factor Inventory（NEO-FFI）professional manual.* Odessa, FL: Psychological Assessment Resources.

Diener, E.（1984）. Subjective well-being. *Psychological Bulletin, 95,* 542-575.

Friedman, H. S., Tucker, J. S., Tomlinson-Keasey, C., Schwartz, J. E., Wingard, D. L., & Criqui, M. H.（1993）. Does childhood personality predict longevity? *Journal of Personality and Social Psychology, 65,* 176-185.

Hitokoto, H., Uchida, Y., Norasakkunkit, V., & Tanaka-Matsumi, J.（2009）. Construction of the Interdependent Happiness Scale（HIS）: Cross-cultural and cross-generational comparisons. *Poster presented at the 21st Association for Psychological Science*（San Francisco, USA）.

堀毛 一也（2010）. ポジティブ心理学の展開　現代のエスプリ, *512,* 5-27.

Kahneman, D., Diener, E., & Schwarz, N.（Eds.）.（1999）. *Well-being: The foundations of hedonic psychology.* New York: Russell Sage Foundations.

Kan, C., Karasawa, M., & Kitayama, S.（2009）. Minimalist in style: Self, identity, and well-being in Japan. *Self and Identity, 9*（2）, 300-317.

Kitayama, S., & Markus, H. R.（1999）. Yin and Yang of the Japanese self: The cultural psychology of personality coherence. In D. Cervone, & Y. Shoda（Eds.）, *The coherence of personality: Social-cognitive bases of consistency, variability, and organization*（pp.242-302）. New York: Guilford Press.

北山 忍・内田 由紀子・新谷 優（2007）. 文化と感情——現代日本に注目して——　藤田 和生（編）感情科学（pp.173-210）　京都大学学術出版会

甲田 烈（2007）. 反転するスピリチュアリティー　尾崎 真奈美・奥 健夫（編）スピリチュアリティーとは何か——哲学・心理学・宗教学・舞踊学・医学・物理学それぞれの視点から——（pp.19-44）　ナカニシヤ出版

熊野 道子（2011）. 日本人における幸せへの3志向性——快楽・意味・没頭志向性——　心理学研究, *81*（6）, 619-624.

Lucas, R. E., & Fujita, F.（2000）. Factors influencing the relation between extraversion and pleasant affect. *Journal of Personality and Social Psychology, 79,* 1039-1056.

McAdams, D. P.（1993）. *The stories we live by: Personal myths and the making of the self.* New York: Morrow.

McAdams, D. P.（2008）. *The person: An introduction to the science of personality psychology*（5th ed.). New York: Wiley.

McAdams, D. P., Reynolds, J., Lewis, M., Patten, A. H., & Bowman, P. J. (2001). When bad things turn good and good things turn bad: Sequences of redemption and contamination in life narrative, and their relation to psychosocial adaptation in midlife adults and in students. *Personality and Social Psychology Bulletin, 27,* 474-485.

McCrae, R. R., & Costa, P. T., Jr. (1991). Adding Liebe und Arbeit: The full Five-Factor Model and well-being. *Personality and Social Psychology Bulletin, 17,* 227-232.

Mroczek, D. K., & Kolarz, C. M. (1998). The effect of age on positive and negative effect: A developmental perspective on happiness. *Journal of Personality and Social Psychology, 75* (5), 1333-1349.

内閣府 (2009). 平成 20 年版国民生活白書――消費者市民社会への展望　ゆとりと成熟した社会構築に向けて――　時事画報社

Neugarten, B. L., Havighurst, R. J., & Tobin, S. S. (1961). The measurement of life satisfaction. *Journal of Gerontology: Biological and Medical Science, 16,* 134-143.

野間 俊一 (2012). 臨床現場における幸福の意味――河合論文へのコメント――　心理学評論, *55,* 203-205.

大石 繁宏・小宮 あすか (2012). 幸せの文化比較は可能か？　心理学評論, *55,* 6-21.

大竹 恵子・島井 哲志・池見 陽・宇津木 成介・ピーターソン, C.・セリグマン, M. E. P. (2005). 日本版生き方の原則調査票 (VIA-IS: Values In Action Inventory of Strength) 作成の試み　心理学研究, *76,* 461-467.

Pavot, W., & Diener, E. (1993). Review of the satisfaction with life scale. *Psychological Assessment, 5,* 164-172.

Peterson, C., & Seligman, M. E. P. (2004). *Character strength and virtues: A handbook and classification.* New York: Oxford University Press.

Ryff, C. D. (1989). Happiness is everything, or is it? Explorations on the meaning of psychological well-being. *Journal of Personality and Social Psychology, 57,* 1069-1081.

Seligman, M. E. P., & Csikszentmihalyi, M. (2000). Positive psychology: An introduction. *American Psychologist, 55,* 5-14.

島井 哲志 (2009). ポジティブ心理学入門――幸せを呼ぶ生き方――　星和書店

Snyder, C. R., & Lopez, S. J. (Eds.). (2002). *Handbook of positive psychology.* New York: Oxford University Press.

Uchida, Y., & Kitayama, S. (2009). Happiness and unhappiness in East and West: Themes and variations. *Emotion, 9,* 441-456.

やまだ ようこ (1999). 喪失と生成のライフストーリー　発達, *79,* 2-10.

第 15 章

Cloninger, C. R., Svrakie, D. M., & Przybeck, T. R. (1993). A psychobiological model of temperament and character. *Archieves of General Psychiatry, 50,* 975-990.

Costa , P. T., Jr., & McCrae, R. R.（1992）. *Revised NEO Personality Inventory（NEO-PI-R）and NEO Five Factor Inventory（NEO-FFI）professional manual.* Odessa, FL: Psychological Assessment Resources.

Erikson, E. H.（1959）. *Identity and the life cycle: Selected papers.* New York: International Universities Press.

Erikson, E. H.（1982）. *The life cycle completed: A review.* New York: Norton.

Feist, G. J.（1999）. The influence of personality on artistic and scientific creativity. In R. J. Sternberg（Ed.）, *Handbook of creativity*（pp.273-296）. New York: Cambridge University Press.

FFPQ 研究会（1998）．FFPQ（5 因子性格検査）　北大路書房

藤島 寛（1996）．遊び心の探求――性格特性論 5 因子モデルの第 5 因子としての遊戯性――京都市立大学音楽学部研究紀要ハルモニウム，*27*，17-34.

藤島 寛（1999）．Japanese characteristics in personality on Tsuji et al.'s Five-Factor Model.　京都市立大学音楽学部研究紀要ハルモニウム，*29*，3-23.

Fujishima, Y.（2000）. Japanese characteristics on Tsuji et al.'s Five-Factor Model. *Poster presented at the 27th International Congress of Psychology*（Stockholm, Sweden）.

Fujishima, Y., Tsuji, H., Tsuji, H., Natsuno, Y., Mukoyama, Y., Yamada, N., …Morita, Y.（1996）. Standardization of the Five-Factor Personality Questionnaire（8）: Personality profile of art students. *Poster presented at the 26th International Congress of Psychology*（Montreal, Canada）.

川島 大輔（2016）．老年期における死　川島 大輔・近藤 恵（編）はじめての死生心理学――現代社会において，死とともに生きる――（pp.175-188）　新曜社

松島 公望（2011）．戦後における宗教心理学研究の動向――宗教意識調査を中心に――　金児 曉嗣（監修）松島 公望・河野 由美・杉山 幸子・西脇 良（編）宗教心理学概論（pp.36-55）　ナカニシヤ出版

松島 公望（2016）．日本人の宗教性を測る――宗教を心理学するためのガイドライン――松島 公望・川島大輔・西脇 良（編著）宗教を心理学する――データから見えてくる日本人の宗教性――（pp.1-19）　誠信書房

西平 直（1993）．エリクソンの人間学　東京大学出版会

Saroglou, V.（2002）. Religion and the five factors of personality: A meta-analytic review. *Personality and Individual Differences, 32*, 15-25.

Sternberg, R. J., & Lubert, T. I.（1996）. Investing in creativity. *American Psychologist, 51*, 677-688.

杉浦 義典・丹野 義彦（2008）．パーソナリティと臨床の心理学――次元モデルによる統合――　培風館

辻 平治郎・藤島 寛・辻 斉・夏野 良司・向山 康代・山田 尚子・森田 義宏・秦 一士（1997）．パーソナリティの特性論と 5 因子モデル――特性の概念，構造，および測定――　心理学評論，*40*，239-259.

人名索引

事項索引

著者紹介

山田　尚子（やまだ　なおこ）　　　　　（第 1〜4，6，8，10〜13章）

1986 年　甲南女子大学文学部人間関係学科（心理学専攻）卒業
1991 年　甲南女子大学大学院文学研究科心理学専攻博士後期課程単位取得退学
現　　在　甲南女子大学人間科学部教授　博士（心理学）

主 要 著 書

『認知の発生と発達』（共著）（行路社，1993）
『5 因子性格検査の理論と実際——こころをはかる 5 つのものさし』（分担執筆）
　　（北大路書房，1998）
『失敗に関する心理学的研究——個人要因と状況要因の検討』（風間書房，2007）

藤島　寛（ふじしま　ゆたか）　　　　　（第 5，7，9，14，15章）

1969 年　京都大学文学部哲学科（心理学専攻）卒業
1978 年　京都大学大学院文学研究科心理学専攻博士後期課程単位取得退学
　　　　　元甲南女子大学非常勤講師
2020 年　逝去

主 要 著 書

『5 因子性格検査の理論と実際——こころをはかる 5 つのものさし』（分担執筆）
　　（北大路書房，1998）
『運行管理の心理学——理論と実際』（分担執筆）（関西交通経済研究センター，
　　2013）

心理学ベーシックライブラリ=7

パーソナリティ心理学

2022 年 3 月 10 日 ⓒ　　　　　　初 版 発 行

著 者　山田尚子　　　発行者　森平敏孝
　　　　藤 島　寛　　　印刷者　中 澤　眞
　　　　　　　　　　　　製本者　松島克幸

発行所　　**株式会社　サイエンス社**

〒151-0051　東京都渋谷区千駄ヶ谷 1 丁目 3 番 25 号
営業 TEL　(03)5474-8500(代)　　振替 00170-7-2387
編集 TEL　(03)5474-8700(代)
FAX　　　(03)5474-8900

組版　ケイ・アイ・エス
印刷　㈱シナノ　　　　　　　製本　松島製本
《検印省略》

サイエンス社のホームページのご案内
https://www.saiensu.co.jp
ご意見・ご要望は
jinbun@saiensu.co.jp　まで.

ISBN978-4-7819-1529-6

PRINTED IN JAPAN

教育心理学 I ：発達と学習 第 2 版

渡部雅之・豊田弘司 共著
A5 判・264 ページ・本体 2,300 円（税抜き）

本書は，認知・発達・学習等，教育心理学の内容を初学者向けにやさしく解説した教科書の改訂版です．子どもたちを取り巻く環境は変化し続けており，学校教育現場で教員に求められる役割も変化しています．そこで，新しい教育職員免許法施行規則にも対応し，学術的な進展も踏まえて，よりわかりやすくなるよう，加筆・修正しました．初学者の方，教職を目指す方にもおすすめの一冊です．

サイエンス社